コーヒーソングの
名盤案内

乗金健郎・著

いなほ書房

復刻版の発行に寄せて

本書の旧版『コーヒーソング20』は、二〇〇四年四月三〇日に発行された。

私と乗金氏の出会いは、吉祥寺にあった珈琲の店「もか」店主・標交紀氏の紹介によるものであった。そしてその後、乗金氏に、私の主宰する季刊誌「珈琲と文化」に記事を書いていただくようになり、そこに掲載された「コーヒーソング20」を一冊にまとめたものである。

著者の乗金健郎氏は、一九六〇年代、神田駿河台の明治大学在学中、当時の都内のジャズ喫茶の全部を訪れ、ジャズとコーヒーを楽しんだようで、本書中に、次のように書き記している。

「私は大学時代の五年間(四年で卒業する人もいる)に、東京都内のジャズ喫茶全部を廻り、自分に合った店を探した。例えば、新宿歌舞伎町の『ポニー』、お茶の水の『ニュー・ポート』、渋谷の『ありんこ』、神田神保町の『響』といった具合に、自分の行き場所を決めていた」(本書99～100頁)

「一九六〇年代初頭のポップス界は、ダンス・リズムの洪水。例えば、世界的流行となった〝ツィスト〟・〝サーフィン〟・〝ゴーゴー〟ets。そして第二次フォーク・ムーブメント（ボブ・ディラン、ジョーン・バエズ…ets）とエレキ・ブーム。そういう中で私はジャズ喫茶の片隅で、コルトレーン・ジャズに酔っていた。…授業には出ず、ほぼ一日中と言っていい程。そしてジャズ喫茶の卒業証書を得たほどだ。(ルイ・ジョーダン)」（11～12頁）

大学卒業後、実家のある岡山市で、ジャズ喫茶「シャイン」を開く。そのこと以降については、元シャインで働いていた平井康嗣氏に、本書の巻末に書いていただいた。

『コーヒーソング20』の在庫が少なくなり、復刻版を思い立ったのは、本年の二月頃であったが、コロナ禍などで、やっと実現できることになった。

小社では、「カフェ・ド・ランブル」の関口一郎氏、吉祥寺「もか」の標交紀氏、コーヒー研究家の伊藤博氏、柄沢和雄氏の本を出版・復刻したが、乗金健郎氏のこの本も残して書店に並べることができたことを喜びとするものである。またご協力いただいた、実兄の乗金弘昌氏と、平井康嗣氏に感謝申し上げる。

二〇二〇年一〇月吉日

星田宏司

コーヒーソングの名盤案内・目次

コーヒーソング①

ブラック・コーヒー

Ⓦ&Ⓜ フランシス・ポール・ウェブスター&ソニー・バーク ©1948
歌 ペギー・リー
伴奏 クーティ・チェスターフィールド(tP), ジミー・ロールズ(P)
マックス・ウェイン(B), エド・ショーネシー(DS)

①10'(DECCA DL-5482)

私が「コーヒーソング」を集め始めてから、五年（一九九九年現在）ほどになる。現在七十曲（洋楽中心）で、歌謡曲からニュー・ミュージックも入れると、もっと多くの曲があるだろう。

最初は、ジャズ・スタンダードの「ブラック・コーヒー」から入ろう。この曲は48年にでき、最初に取り上げたのは、サラ・ヴォーン（ミュージック・ラフト）で、その後再びコロンビアで59年に吹込み、これが同年のベストレコードに選ばれた。しかし何と言ってもこの曲は、ペギー・リーのものだろう。「ブラック・コーヒーと言えばペギー・リー」と言われるぐらい定番となり、「あのジャケット」と頭に浮かぶほどの名盤である。

その他、エラ・フィッツジェラルド、そしてジュリー・ロンドンが、よく引き合いに出されるが、さすがにペギーはブルースの味を持つ傷心のバラードをけだるく表現して、他を引きはなしている。それにチェスターフィールド（tP）がうまくからみ、ジミー・ロールズ（P）も歌伴の達人だ。出来の悪いはずがない。

内容は、青木啓著の『アメリカン・ポピュラー』（誠文堂）から引くと、こうなる。

〝寂しい気持で眠ることもできず、床を歩き回ってはドアを見つめ、にがいブラック・コーヒーを飲み続ける。このウィークディの部屋で、私には楽しい日なんかありはしない。

1時から4時までも影法師に語りかける。ブラック・コーヒーを飲む時、神さま、なんと時の流れが遅く思えるのでしょう……中略……家にいてオーブンをいじり、コーヒーとタバコに悔恨をひたす。朝にうめき、夜もうめき、その間にニコチンと苦いコーヒー。気分は大地にのめり込むほど、もう狂いそう。来るかもしれない恋人を待ち続けているから。〃

ある思い出がある。このペギー・リーのタイトル名「ブラック・コーヒー」は、当時廃盤で、ジャ

②12'（DECCA DL-8358）

ズ喫茶でしか聞けなかった。苦いまずい珈琲を飲みながら（この時代、珈琲は二の次で、ジャズを聞かすことが中心であった）、待ってA面を聞いた。ジャズ喫茶は、リクエストしても片面しかかけてくれず、代金は高かった。

60年頃であったろうか、ジャズ専門詩「スィング・ジャーナル」に、この30㎝LP入手という広告が出たのだ。広告主は、大阪梅田の「LPコーナー」である。翌朝、一番の新幹線で大阪LPコーナーへ直行したが、まだ開いてなく、入口の前にしゃがみこんで、プカプカやっていると、主人らしき人が来て、理由を言うと、まだ開店前にもかかわらず、コーヒーを出してくれた。この人が、前社長の今は故人となった大谷滋次郎氏であった。この感激は今でも忘れることは出来ない。その後の私の岡山でのジャズとボーカルの店「シャイン」（一九七一～一九八六）の間はもちろん、今でもつき合いが続いている。

この「ブラック・コーヒー」のLPは10′と12′盤と2種類あり、10′盤は超幻である。両方、本誌の星田氏に頼んで写真に撮ってもらったが、①は、チョークで書いたブラック・コーヒーという字が何とも言えず良く、カップにそそがれた〝黒い液体〟が、いつまでも男の現われを待つ女の身の苦々しさを表出している。②の12′の方は、カラー・ジャケットに濃いコーヒーとポットがあり、こちらのジャケットが今一般化している。

コーヒーソング②

MOLIEND CAFE

(コーヒー・ルンバ)

Ⓦ&Ⓜ ホセ・マンソ Ⓒ1961
演奏 ウーゴ・ブランコとそのアルパヴィアヘラ(Pol)
レイ・アンソニー楽団(米初録音.CAP)
日本語バージョン／詞 中沢清二 歌 西田佐知子

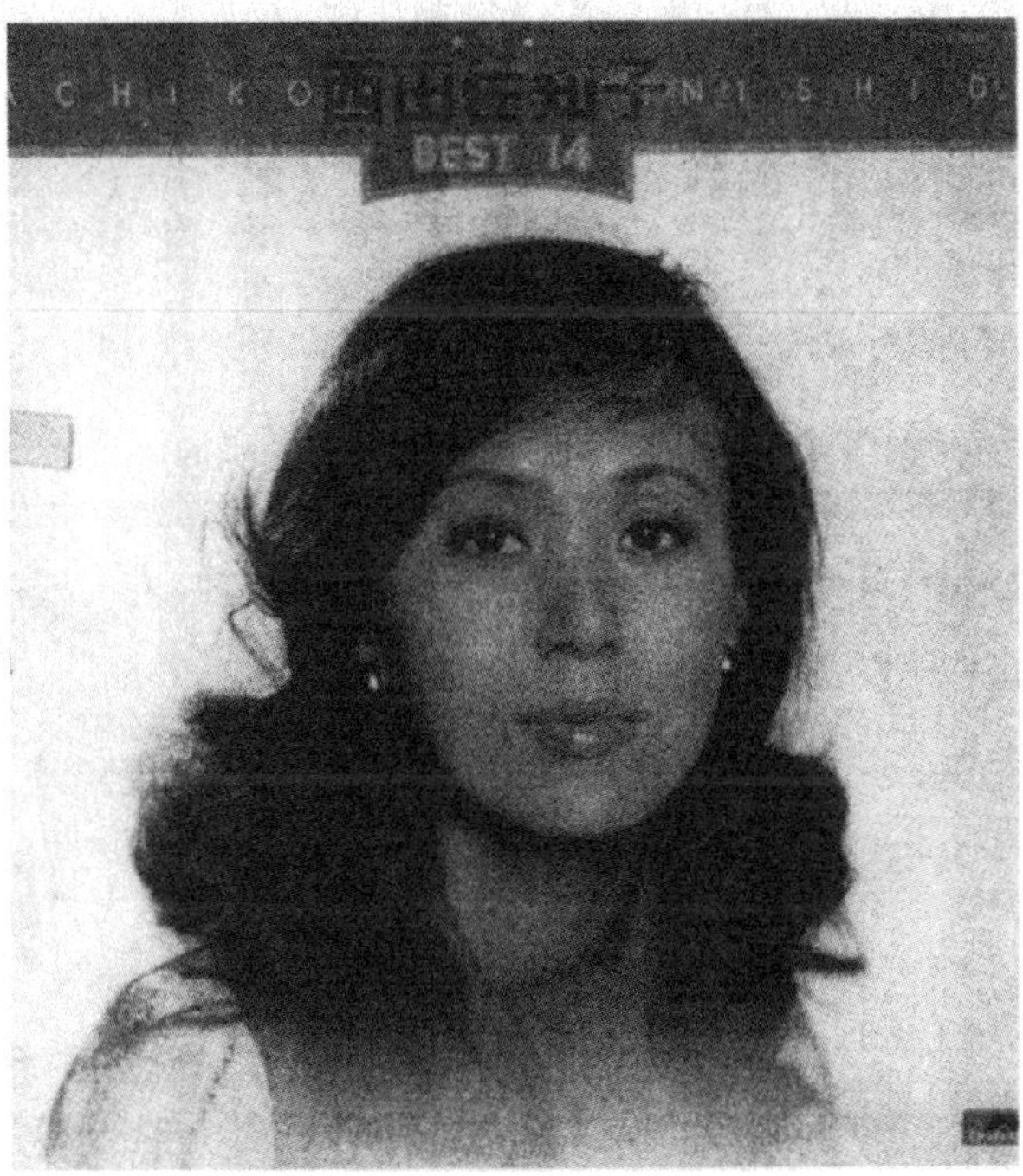

①30cmLP(ポリドール, KI-7703)

本題に入る前に、一つの話をしたく思う。今年（一九九九）の五月～六月の隔週、四回に渡る岡山初の〝珈琲講座〟が、倉敷市の要請のもと〝水島サロン〟で開かれ、私がその二時間四回の講師に選ばれた。

トータル・テーマは『コーヒーをおいしく飲むための基礎講座』――コーヒーの香りと音楽の調べ――で、私も岡山で初ということもあって、五三ページに及ぶテキストが出来上った。1回目は「コーヒーの二大発見伝説と伝播史そして世界のコーヒー」、2回目は「日本のコーヒー飲用史、日本文学に表れたコーヒー・日本の文化人とコーヒー・コーヒーと健康」、3回目は「なぜ自家焙煎なのか？ 文化的側面としての音楽、映画、俳句」。そして4回目が「襟立博保―人となりと語録と襟立稔規」だった。

問題は、二時間に及ぶ師を語ることで、結局あるだけの資料を出して、年譜まで作り、師のイメージ作りをし、何とか話すことが出来た。そして黒板には、その影響図を書き、今後日本の珈琲界をリードする人々と流れを表出した。

一回ごとに抽出方法の実施、コーヒー・ソングを三曲ずつ用意（明治二十四年のオッペケペ節も含む）して聞いてもらった。ＦＭ局でのD.Jを何十回も、完全主義の方で、かなりハイ・レベルな内容だったが、受講生も減少せず、一応成功裡に終ったところだ。その翌日、朝日新聞の「岡山俳壇」に、「百閒の一句みつけり夜半の夏」が一席《いっせき》に出た。何というタイミングの良さ。実はこの内田百閒は、岡山古京出身の作家で、私はこの人の随筆・俳句の面白味・諧謔性が大好きである。今回の講座でも資料として皆に廻した。『沖の稲妻』（新潮社）には「可否茶館」の記述があり、「みよし野の」では、食堂の〝三好屋〟や〝広養軒〟、そして昭和十年頃の〝ブラジル〟や〝カメヤ〟等の店の名が出てくるし、『百鬼園（俳号）句集』を上梓しており楽しいかぎりである。とにかく今回の〝珈琲講座〟で、改めて奥の深さを感じた。

そろそろコーヒー・ソングの話に入ろう。1960年代初頭のポップス界は、ダンス・リズムの洪水。例えば、世界的流行となった〝ツィスト〟・〝サーフィン〟・〝ゴーゴー〟etc。そして第二次フォーク・ムーブメント（ボブ・ディラン、ジョーン・バエズ、P・P・M etc）とエレキ・ブーム、そういう中で私はジャズ喫茶の片隅で、コルトレーン・ジャ

②シングル盤（ポリドール，DP-1223）

ズに酔っていた。私の大学時代の事で、授業には出ず、ほぼ一日中と言っていい程。そしてジャズ喫茶の卒業証書を得たほどだ。（ルイ・ジョーダン）

そういう時の61年、突如として、このニュー・リズム〝オルキデア（蘭の花のこと）〟が出て、世界的なヒットとなった。南米ベネゼエラ産である。邦題は「コーヒー・ルンバ」となったが、ルンバ曲ではない。最初のウーゴ・ブランコとそのアルパヴィアヘラの器楽曲で火がつき、歌物では、本場のエディス・サルセード、そして日本語バージョンは、中沢清二詞の西田佐知子盤が流行の波にのった。ウーゴ・ブランコ作となっているレコードもあるが、彼の伯父であるホセ・マンソ作曲が正しいようだ。そして原題は「コーヒーをひきながら」という意味である。１９７８年には、不良・イグレシアスの歌が発売され、軽くリバイバルした（エピック・ソニー28・3P―425）。

内容は、ものういたそがれ時、影がよみがえり、静けさの中に、コーヒー園が感じられる。古きひきうすの愛の歌は、無気力な夜の中にうめき声をあげているようだ。調べが運ぶ、愛の苦しみと悲しみは、そのにがさをひきつぶしているようだ。疲れを知らず、コーヒーをひきながら、夜がすぎる（「ラテン・フォルクローレ・タンゴ」永田文夫著）である。

中沢清二の詞は、〝昔アラブの偉いお坊さんが、恋を忘れたあわれな男に、しびれるような香りいっぱいの、こはく色した飲みものを、教えてあげました。やがて心うきうき、とっても不思議このムード、たちまち男は、若い娘に恋をした。コンガマラカス、楽しいルンバのリズム、南の国の情熱のアロマ　それは素敵な飲みもの　コーヒー・モカマタリみんな陽気に飲んで踊ろう　愛のコーヒー・ルンバ〟だが、この中沢という人、珈琲のことを知っているのか知らないのかよくわからない。

　戦前戦後を通じて、モカとジャバは人気のあった豆であることは、木下杢太郎の「食後の唄」や丸山薫「一杯のコーヒーから」には〝モカの姫君　ジャバ娘〟の一節があり、ジャズのキャブ・キャロウエイ楽団の「ジャバ・ジャイブ」等多くの文学や音楽にある。

コーヒーソング③

ブラジル（サンバ・ブラジル）
（AQUARELA DO BRASIL）

Ⓦ&Ⓜ アリイ・バローン ©1939
歌　S・K・ラッセル

①デッカ・DL-8153

「ブラジル」という国で思い起こす事は、ディズニー・プロ製作44年度の映画『ラテン・アメリカの旅』（戦争中につき日本公開は57年）を、中学校から見に行った記憶である。

アニメと実写を合わせた異色作で、リオデジャネイロでは、ドナルド・ダックに〝サンバ〟を踊らせる。これはリオのカーニバルであり、その〝サンバ〟というリズムと狂気とも言える踊りを、強烈に憶えている。

アメリカは、連合国側で戦争をしながら、一方では、南米諸国との親善が目的で、こういう映画を作っていた。日本と大違いである。

またしても映画だが、59年度のフランスとブラジル合作で、監督はマルセル・カルネで、カンヌ映画祭でグランプリを受賞した『黒いオルフェ』がある。音楽担当はルイス・ボンファ・アントニオ・カルロス・ジョビンで、後の世界的流行となる〝ボサ・ノーバ〟の初期の作品も使われる。日本でも、60年「オルフェのテーマ（オルフェの唄）として、大ヒ

②マーキュリー・MS-37

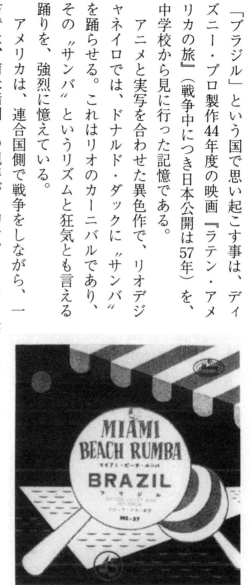

ットした。

この映画は、リオのカーニバルを背景に、ギリシャ神話を現代の黒人社会に置き換えた物語で、この映画も強烈なサンバのリズムに酔いしれ、又静かな〝オルフェの唄《(カーニバルの朝)》〟が素晴らしかった。特にエリゼッチ・カルドーゾの歌が。ところで、この映画は舞台が丘周辺のスラム故、国辱的な映画として、ブラジルでは上映禁止となり、その他の国では、大ヒットとなった。又、カルドーゾの歌のシーンはカットされ、サウンド・トラック盤（フィリップス）には挿入されている。さらに、コーヒー生産国第一位、サントス港、アマゾン川、コルコバドの丘に立つ巨大なキリスト像、イグアナの滝、そしてカルメン・ミランダ（後で述べる）etc。

さて曲に入ろう。ナット・シャピロの『ポピュラー・ミュージック』1940～1949には、アメリカで最初にエディ・デューチンが紹介（注1955年のコロンビア映画「エディ・デューチン・ストーリー」（邦題『愛情物語』）で、タイロン・パワーが演じた30～40年代に人気のあったピアニスト（どちらかと言えば、カクテル・ピアニスト系である）兼バンド・リーダーで、主題曲〝トウ・ラブ・アゲイン《(ショパンのノクターン)》〟が大ヒット。蔭のピアノ演奏はカーメン・キャバレロの担当で、彼も一躍有名となった。この映画の中で、〝ブラジル〟を演奏している。」した。そして42年12月に、ジミー・ドーシー楽団とボブ・エバリーとヘレン・オコンネルの歌がヒット、パレードに入った。

この楽団はラテン物で売り、演奏の後ボブがスローで歌い、後半をヘレンがアップ・テンポでスィンギーにフェイクするというスタイルを生み、人気を呼んだ。〝アマポーラ〟や〝ベサメ・ムーチョ〟等のヒットを生み、これらは「ラテン・アメリカン・フェイバリット」（デッカ）に、すべて収められている。（写真①）後にヘレン・オコンネルは独立し、VIK・レコードにソロで〝ブラジル〟を歌っている。

次に43年1月より、ザビエル・クガートとウォドルフ・アストリア楽団（コロンビア盤）がヒット（写真②シングル盤）（48年にレス・ポールの六つのギターの多重録音（キャピトル盤））がヒットしている。

それに前述のカルメン・ミランダ（ブラジルの爆弾娘と呼ばれる）は、39年に米国に渡り、多くの映画に出演し、歌と踊りで人気を得た。〝ブラジル〟の曲も、彼女の重要なレパートリーで、〝サンバ〟と共に全世界に拡めた功績は大きい。

最近の映画１９８５年『未来世紀ブラジル』（英米合作。テリー・ギリアム監督のＳＦ映画）のタイトル曲に、〝ブラジル〟のサンバが使われた。ああ、きりもなや！

この曲の白眉（写真③）は、80年10月録音の『ブラジル』と題されたアルバム。ジョアン・ジルベルトのギターと歌（ポルトガル語）、オエターノ・ベローゾ、ジルベルト・ジル編曲、指揮ガジョニー・マンデルで、伴奏陣にクレア・フィッシャー、バビ・ジャンクー、トム・スコット他が参加。ストリングスもいいし、スロー・サンバ風にいい味を出している。この曲は、39年に原題AQUARELA　DO　BRASILで出された。ブラジルの水彩画の意味である。サンバ形式で書かれ、1942年にS・K・ラッセルが英語詞を

③フィリップス・28PP-25

書き、フランク・シナトラもキャピトルに録音。ビングとロージーのデュエット盤（RCA）もある。

要するにブラジル賛歌で、大訳は〃ブラジル、心が6月の喜びを覚える所、私達は琥珀色の月の下で『いつかすぐにね』とささやき、口づけと抱擁をかわした。次の朝は遠く離れていたが、黄昏になると恋を想う。又ブラジルに戻ろう……〃である（『アメリカン・ポピュラー』青木啓著より）。

コーヒーソング④

バクダッド・カフェ
(コーリング・ユー)

Ⓦ&Ⓜ ボブ・テルソン
歌 (サウンド・トラック)ジエベッタ・スティール&インスツルメンタル

①マーキュリー・サウンドトラックPHCR-4068

「バクダッド・カフェ」は、コーヒー・ソングではない。映画の題名で、その主題歌の「コーリング・ユー」の歌詞の中に、コーヒー・マシンと小さなカフェという言葉が出てくるので、ここに取りあげた。

「バクダッド・カフェ」と言っても、アメリカのネバダ州のカフェである。一九八七年製作のドイツ映画で、監督は、パーシー・アドロン。キャストは、マリアンネ・ゼーゲブレヒト、CCH・パウンダー、ジャック・パランス（おお、なつかし！　映画「シェーン」の黒づくめの二丁拳銃の殺し屋。この映画の中のシルーン（酒場）で、この男、ウィスキーでなくブラック・コーヒーを飲んでいたのだ。）が、画家の役をやっている。それにクリスティーヌ・カウフマン（昔の美しいおもかげはない）も出演している。

その五年後、完全版も出た。物語は、ヴェガスあたりの砂漠にポツンと佇む一軒のモーテルを舞台に、ある日ふらりと現れた豊満なドイツ人女性ジャスミンと、モーテルの女主人ブレンダや、そこの怪しげな住人達との交流と奇跡のような感度を綴った、ほのぼのムードの映画で、当時、世界的にヒット作となった。当然、主役のゼーゲブレヒトのほほえましいふとっちょ振りも人気が出たが、三作ほどで人気は衰えた。

主題歌のサントラ盤①のジュヴェッタ・スティールの歌がヨーロッパでヒットし、アメリカ・日本では、②のホリー・コール（P&VOCAL）トリオがシングル・カットされ、ヒットにつながった（「若げのいたり」（TOCP-7210）に収録）。訳は、

ヴェガスからの砂漠の道はどこへも続かない
どこかましなところはないものか
壊れかかったコーヒー販売機
道の曲がり目にある小さなカフェ

私はあなたを呼んでいる
あなたを呼んでいる　｝リフレイン

熱い乾いた風が私の中を吹き抜ける
赤ん坊の泣き声で今夜は眠れそうにない

②東芝EMI㈱TOCP-7210

けれど　確かに　新たな変化は近くまで来ている
段々と近付いてくる　甘い救済の匂い

私はあなたを呼んでいる
あなたを呼んでいる

いい曲である。その後、ジョー・マイケル、ポール・ヤング等15名以上の歌手がカバーしている。余談だが、同名異曲にハンク・ウィリアムスのセイクレッド《宗教歌》・ソング「コーリング・ユー」（M・G・M、51年のヒット）もある。

今回は映画の話から始まったが、曲でも、例えば「プランテーション・カフェ」（コーヒー畑）、「バラード・オブ・サッド・カフェ」（悲しみのカフェ）、また最近人気のあるクレモンティーヌ（仏女性歌手）の「クーラー・カフェ」等いろいろあり、いずれは、取り上げるかも……。

コーヒーソング⑤

ワン・モア・カップ・オブ・コーヒー
(コーヒーもう一杯)

Ⓦ&Ⓜ ボブ・ディラン ©1975
歌 ボブ・ディランとエミルー・ハリス

①CBS SONY , SOPO-116

１９９７年２月13日（木）夜、倉敷市民会館で老若男女が燃えに燃えた。ボブ・ディランの倉敷公演の日だった。私もその群集の中のひとつの顔だった。

60年代初頭のあの時代に走馬燈の如く思いをはせながら、ファンキー・ジャズに溺れ、カントリー&ウエスタン《サーガ・ソング》、58年からのモダン・フォーク・ムーブメント、ツイスト、サーフィン等のダンス・リズムの氾濫する61年1月N・Yに来て、ディランは時代の寵児となった。私は当然この男にのめり込んだ。彼の歌詞は〝プロテクトソング〟、あるいは〝トロピカルソング〟と呼ばれ、ある時は皮肉的に、又ある時は他殺的に、自虐的に聴こえ、とり扱うテーマも熾烈だった。コンサートの夜帰宅しても興奮はさめやらず、机に向かい一句を作った。


倉敷にディラン聴く夜の春悲し（入選せず）

悲しとしたのは、興奮の中に少しさめた部分があったからだ。あの60年代とは違ったものがあり、それは時代のへんかのなせるわざかもしれなかった。ディランにも、私にも。

青春の真只中の60年代とは何だったかと思うと、〝カオス〟そのものだったのか？

ここで、ディランを語る上で、絶対に出て来る人に、〝ウッディ・ガスリー〟がいる。初めディランは、ハンク・ウィリアムスにあこがれ、その後、ガスリーの自叙伝『バウンド・

オブ・グローリー』を読み、頭を打たれたと言う。

　日本では、ヘンリエッタ・ユーチエンコウの『ウッディ・ガスリー・ストーリー』と『俺のシッポに又火がついた』（共にブロンズ社刊・三井徹訳）の二冊でおおかたの事がわかる。また、1976年の映画「わが心のふるさと」で見た方もある事だろう。1930年代からの、このウッディからの影響が、脈々と現代まで続いているのだ。

①CBS, SONY, 06SP-1

　ウッディは、古くから伝わるトラッドに自分の歌詞で歌うというやり方。彼の人柄、放浪（ホーボー）という生き方を模倣した人達は、〝ガスリーズ・チルドレン〟と呼ばれた。ディランもその人達に加えられた。

　1962年コロンビアからのデビュー・アルバム「ボブ・ディラン」の中の自作一曲「ソング・トゥ・ウッディ《ウッディ・ガスリーに捧ぐ》」で注目を集め、同じ年のかの有名な「ブローイング・ザ・ウィンド」(風に吹かれて。ヒットさせたのはP・P・M)を作り、公民権運動のワシントン大行進で合唱され、〝フォーク界のプリンス〟と呼ばれた。

ガスリーズ・チルドレンの一人と言われたが、ディランはニューヨークで病気入院中のウッディを見舞っただけである。常に一緒に放浪し歌をうたったのは、〝ランブリン〟ことジャック・エリオットである。ディランのデビューアルバムの歌い方は、どちらかと言うと、エリオットに近い。

フォーク・ムーブメントは1950年頃から始まるが、商業ベースに乗った人達＝ウィーバース、ベラフォンテ(この人のはたした役割は大きく、〝カリプソ・ブーム〟からN・Yのコーヒーハウスでディランを発掘、自分のRCAからのアルバム「ミッドナイト・スペシャル」にハーモニカ奏者として二曲に器用した。これがディランの正式デビュー)、キントリ・ブラフォー、ジョーン・バエズ、ピート・シーガー、P・P・Metcと、商業ベースにのらない人達＝レッドベリー、アラン・ロマックス、バール・アイブス、トム・パクストン、ジャック・エリオット、オデッタ、テリー・ギルギーソン、シスコ・ヒューストン、フィル・オクス、オスカー・ブランド等がじみちに我が道を行くという感じで存在していたのだ。後者が今、フォーキーな人達として静かなブームなのである。通はこの人達を支持した。

ディランは、詩人のディラン・トーマスから名を変え、ユダヤ人であることをやめて、N・Yに旅立った。その後65年のフォーク・フェスティバルで、ロック・バンドを引きつれて登場、伝統的なフォークを愛する人達からブーイング。しかし、かなり多くの若者達は、このディランの変化を心の中では受け入れ、次なる時代（フォーク・ロックと呼ばれるようになる）を予知したと思う。〝新しいもの〟には、常に反動が起こる。それをディランが起こした。フォーク・ロックの誕生である。が、この時点で、ディランのプロテストの時代は終わりを告げる。

私の愛するディランのアルバムは、第2集のプロテスト・ソングの珠玉集と言える「フローライン」それから「ナッシュビル・スカイライン」と「デザイヤー」である。

この頃、アメリカは人種差別反対運動・ベトナム戦争反対・公民権運動・米ソの核の対立等で揺れ動き、そういう時に登場し、多くのプロテスト・トピカルソングを作り、時代の寵児となったのである。

同じ時期、ビート詩人《ビートニクス》が多く出た。例えば、ジャック・ケルアックの「オン・ザ・ロード」が特に有名。民謡研究家で詩人のカール・サンドバーグ、リロイ・ジョーンズなど、

「ロード《道》」という言葉を多くに使用した。この人達にも、ディランは影響を受けた。

その後のディランは、1966年にウッドストックでバイク事故を起こして、一年半の隠遁生活を余儀なくされる。それでも自宅で〝ザ・バンド〟の面々と録音を重ね、その後(1975年)「地下室(ベイスメント・テープス)」として陽の目をみる。1968年「ジョン・ウェズリー・ハーディング」で復帰する。1969年問題作「ナッシュビル・スカイライン」を発表、カントリーとロックを融合させ、70年にはカバー中心の「セルフ・ポートレート」に続き、今度は全曲オリジナルの「新しい夜明け」、1972年にはサム・ペキンパー監督の映画「ビリー・ザ・キッド《二一歳の生涯》」に出演し、サウンド・トラック盤を発表、又アサイラムから1974年「プラネット・ウェイヴズ」をリリース、初の全米チャート一位に輝いた(これもいいレコードだ)。75年「血の轍」を発表し最高傑作の一つにあげられる作品。この年「ローリング・サンダー・レビュー」のツアーの後、写真①のレコード「デザイヤー(欲望)」を76年にリリース、全米チャートの一位となる。オリジナル・アルバムとして18作目。ここまでがディランの10年の歩みである。

この中の白眉は、8分余りの「ハリケーン」だが、「オー・シスター」と「サラ」が、彼の妻に捧げる佳曲である(実際、妻とは翌年別れる事となるが)。今回の曲は、「コーヒーをもう一杯」なので、他の曲はここまでふれない。ディランにとって１９７０年代は、密度の高いアルバム作りと、精力的なライブ活動の第2期黄金時代と言える。

それでは、前に少し書いたが、アメリカの１９６０年代はどうだろう？　政治闘争（例えば、１９６９年の「愛と平和」のウッドストック・ロック・フェスティバルを契機に、ベトナム戦争をめぐって国論が分裂・学園闘争や反対運動・公民権運動・ブラック・パンサー党の台頭、女性解放運動が生まれる等）から文化中心の時代へと変わりつつあった。マーチン・ルーサー・キングの「生めよ！　増《ふ》やせよ！　いつか我々の時代が来る」の講演から、何年たったのだろうか？　１９７０年代は、黒人ルネサンス（ブラック・イズ・ビューティフル）と呼ばれ、ファッションに、映画に音楽に（例えばタムラ・モータウンなど）、文化が開きつつあった。一方では、ドラッグが流行し、社会からドロップ・アウトして、ヒッピー文化が生まれた。

事実、アメリカはベトナム戦争に深く介入し、米ソの対立、宇宙計画等で国家財政の困窮、世界の警察官の地位も崩れつつあった。（実際にベトナム戦争でアメリカは敗れたのである。初の敗戦であり、１９７３年のことである。アメリカ人のショックは混乱をきわめた）。プロテストとは〝抗議〟の意である。このアルバムの冒頭の「ハリケーン」のその意義は大きい。まだまだ、ディランにもその〃力〃がひそんでいるんだ。

写真②の「コーヒーもう一杯」（これはディラン自身が日本のファンのみ、特別にシングル・カットしたもの）は、ディランの喪失感を歌う暗闇とユダヤ音階で進められ、「谷底」を旅する脅迫感があふれている。ここに片桐ユズル氏の訳を一番だけ引用すると、

〃あんたの息は甘く　あんたの目は空にかがやく二つの宝石　あんたの背はまっすぐであんたの髪は寝ている枕にやわらかい　けれど好意も感謝も愛情も感じられない　あんたの忠実はわたしに対してでなく　空の星に対してだ　道行くためにコーヒーをもう一杯もう一杯のコーヒーをのんだら　下の谷へおりるのだ〃

傍点の部分がリフレインされ、エミルー・ハリスとのコーラスとなる。この曲には、〃フォアー・ザ・ロード《道行く人》〃と言う語がよく出てくる。これはビート詩人がよく使う。

私は、この谷の意味を〃人生の紆余曲折・人生山あり谷ありだ。ディランの30余年の人生にも、私生活にも、音楽歴にも起伏があった〃とそう解釈していたが、〃おっとどっこい、そんなに単純なものではないぞ〃という一冊の本が出た。それは臼井隆一郎著の『コーヒーが廻り、世界史が廻る（近代市民社会の黒い血液）』（中公新書）である。

この本を読み、コーヒーの歴史とその奥深さを改めて知り、平成十一年の講座の参考に

させてもらった。この本の最後のしめくくりが、このディランの傍点の部分なのだ。結局この部分の『谷』にひっかかり、何日も考えぬいたあげく、御本人に質問状を書いたが、まだ解答が届いていないので、後日に又ふれる。

輸入盤のライナー・ノーツは、アレン・ギンズルバーグ、ジャック・ケルアック（共にビートニクス詩人。ディランは10代半ばから、この二人の文章を好んで読んだ）研究所長のナローパ・インスティテュートである。片桐ユズルの直訳によるアレン・ギンズバーグは、〝この曲でヘブライの朗唱風にはりあげられた声は、いままでのU・S・Aでは聞かれなかったものだ。古代の血がうたってる――あたらしい血がうたっている――新《ニュー》しいディラン《ディラン》がとりもどされた、らくらくと――すこしアメリカらしくなって来た。前みたいに偏執的でなく、これこそほんとうの70年代――（どの世代も十年のまん中で花開く。詩のルネサンス1955、平和ベトナム・バークレー1965）――今や詩人のあつまりは全国で歌っている。……ユダヤ教会の先唱者のように朗唱する。「下の谷へおりるのだから」。彼はどこまで行ったのか？　聖なる孤独内部の予言からずっと――あの精神の正直の奇妙さをもとに積みあげ――こころをあけはなしきった個人史的告白まで行った。

コーヒーソング⑥

FORTY CUPS OF COFFEE
(40杯のコーヒー)

Ⓦ&Ⓜダニー・オーバビー ©1953
歌　オリジナル／ダニー・オーバビー
カバーヒット／ビル・ヘイリー．アンド．ヒズ・コメッツ(MCA)

①MCA-5146

この曲は、カバー曲で、オリジナルは黒人のダニー・オーバビーのＲ＆Ｂ(53年)。ビル・ヘイリーと彼のコメッツが57年にリバイバルさせた。(ＭＣＡ)50年代のＲ＆Ｂ・サウンドが実にうまく表現されている。

１９５５年、このグループの№１ヒット「ロック・アラウンド・ザ・クロック」が時代を変えた。映画『暴力教室』のテーマに使われ、音楽も若者も、社会も……ロックンロール時代へ突入した。その原点と言えば、黒人のＲ＆Ｂと、カントリー＆ミュージックとの融合がもたらしたものだと言える。ロカビリーと呼ばれたのは、ロックとヒルビリー音楽の結合から出た言葉である。このあたりはいろんな諸説があるが、鈴木カツ著の「ロカビリー・ビート」に詳しい。(シンコー・ミュージック・１９９３年発行)

内容は、〝床を行ったり来たりして歩き、私の髪の毛を抜き始めコーヒーを飲む。私は貴女が家に帰るのを待ちながら、40杯のコーヒーを飲む。十二時十五分にはまだいなく、みじめな気持ちが走る。四十杯のコーヒー、三時十五分に私はドアを見つめ、貴女がドアをノックする音がするのを待っている。四時十五分、貴女はいまだ家に帰っていない。私は冷静となろうとし、タバコに火をつける。五時になろうとする十五分前、貴女がドアをノックする。私は貴女を抱きしめてキスをし、無事だったことを神に感謝する。私は四十杯

のコーヒーを飲んだ。が、私はついに貴女が家に帰って来たことが喜しい。〃
実にたわいない歌だし、おそらく妻が外出して帰りが遅いのを心配して、いらつき、ついにコーヒーを40杯飲んでしまったという歌詞だが、私には、妻が帰って来るのも喜しいのだが、40杯のコーヒーが飲めて喜しいとも取れるのだ。最後にオチがあるような気がする。40杯もコーヒーを飲むのは、かなり〝狂〃である。
三年程前の話だが、コーヒー中毒の人がお客で来て私に話しかけて来た。二ヶ月半入院して、やっと退院したそうである。それでも濃いドライ・ブラックをお代わりしている。一日に約三十杯のコーヒーを飲み続け、ある日突然動けなくなり、意識朦朧、救急車で病院に運ばれた。治療法を聞くと、同じ量から毎日徐々に少しづつ量を減らしてゆくというやり方だったらしい。それに投薬方法で、コーヒーをかぐと吐きそうになる薬らしい。それでも中毒症状になる直前には、鼻をつまんでコーヒーを流し込んでいたと言う。退院後は、量は減ったが、毎日また飲んでいるらしい。
こんな話がある。「千年以上も前、中東のイスラム教徒の一団が、宗教的な儀式や聖典にコーヒーを使い始めた。週に一度、一団の男性が集まり、多量のコーヒーを飲んで一晩中お祈りを捧げたり、聖歌を歌い続けた。最初はイスラム教徒の眠むけ覚ましの〝秘薬〃としていたが、他の人々は宗教的理由からでなく、ただその興奮的効果を好んで使い始めた。こうして人々が毎日大量のコーヒーを飲むようになったが、多くの人がこの習慣をやめられなくなっていることに気づいた。

17世紀に初めてヨーロッパに入った時、コーヒーは新奇な、社会の承認を受けていない薬物として、多くの反対を巻き起こし、権力者達はその使用を禁じようとしたが、当然のようにその努力も無駄であった。そして世界中に定着した。

カフェインは、1821年に初めてコーヒーから分離され、世界中の多くの植物に発見されている。コーヒー・ハウスがヨーロッパ各都市に急速に発展し、市民は一夜にしてこの薬物のとりこになっていった。有名な「コーヒー・カンタータ」の中で、バッハはこの飲み物の効能を絶賛し、作家のバルザックもコーヒー無しでは仕事も出来なかったほどの中毒者だった。ボルテールも然り……。

これらの人たちを、私は珈琲の強者達《つわものたち》と言っているが、これに反する有害説も何度も言われている。例えば、胃に刺激を与えるので消化不良を起こしたり、また膀胱に刺激を与え泌尿器疾患の原因になったり、神経と筋肉とのデリケートなバランスを崩し、多くの人が震えを訴える原因となっている等々。

そう言う私は、〝コーヒーは飲んでも、飲まれるな〟の通り一日五杯程度だが、ヘビー・スモーカーである。しかし、コーヒーを切らした時の禁断症状はどうだろう。それなしには集中できないし、仕事も満足にできず、いらいらしっぱなし。そういうわけで、現代人はコーヒーなしではもう生きられない。

世界の朝は、フランスは、カフェ・オレにクロワッサン、アメリカは、グランタスという取手なしのカップでうすいコーヒーをガブ飲みし、イタリアは、エスプレッソを会社へ行く途中バルに寄り一杯ひっかけ、コーヒー産地国では、〝悪い豆〟（クエーカーズ）を黒く焙り（例・ブラジルのカフェ・ジーニョ）一杯飲んで、さて、これから船に荷をつもうかと。日本は、高度成長期に、ペーパーでコーヒーを入れ、トーストを口に喰わえ駅に走っていた(とはおそれいりました)。昨年の朝日新聞には、コーヒーのアロマをかいでいるとガンにはならない、という新説が出た。

ところで、『グリーン・カード』（ピーター・ウイアー監督1990年）という映画に、面白いシーンがあった。主演は仏のトップスター、ジェイムス・ドパルデューとアンディ・マクドウエルで、アメリカで働くためには、アメリカ人と結婚しなければ、カードが得られない。そこで偽装結婚に踏みきる。今アメリカで、こういう手合いが流行っているらしく、時々夫婦がほんとに一緒に生活しているかどうか、調査が入る。そこで、お互いのあらゆることを憶えるわけだが、コーヒーの嗜《し》好の話となり、彼女はカフェインレス・コーヒーである。男はそれを見、「これはコーヒーじゃない」と言って、自分のバッグから小型のエスプレッソ器を取り出し、彼女にも飲ますシーンがあった。結局、この二人は恋に落ちるという話しである。

さて、別の中毒者にも会って話をした。大のコーヒー狂で、一日やはり30杯ぐらいを飲み続けていると、ある日、左手に震えを生じ、医者に行ったところ、医者はそれを〝振戦〟と呼び、何の治療もしてくれず、さらにそれがひどくなり、カフェインレス・コーヒーに変えてみたらと友人が言う。切り換えて二日目に、ものすごい頭痛がやって来て、おまけに疲労感がすごい。家に帰り、濃いコーヒーを何杯か飲んだら、頭痛も治まり爽快感につつまれたそうだ。今では、左手の少々の震えは仕事に関係なく、元の生活にもどりコーヒーを飲み続けていると言う。

文献によると、カフェイン10 gが致死量だそうだ。100 ccで提供のコーヒー・カップの中のカフェイン含有量は0.1 gとして、百杯飲まないと死ねないことになる。一日に百杯飲み続けるのは大変なことだ。

参考文献
『チョコレートからヘロインまで』（A・ウィル&W・ローセン著（1986年、第三書館）からの引用に、私の会った二人の中毒の客の話を加筆したものである。要は「良質で新鮮な珈琲を適度に！」ということか）

コーヒーソング⑦

コーヒー・カンタータ
〈お静かに、しゃべらないで〉
(KAFFEE－KANTATE, BEV211)

Ⓜジョン・セバスチャン・バッハ Ⓒ1972
K・トーマス指揮、ライプツィヒ・ゲバントリウス管弦楽団
アデーレ・シュトルテ(S)，T．アーダム(B)，1960年録音

①ARCHIV「コーヒー・カンタータ」

この曲は、クラシックの領域なので、取り上げるつもりはなかった。が、あまりにも人口に会膾している曲なので、今回の登場となった。

伊藤博著『コーヒー讃歌』には、この曲と、チャイコフスキーの「くるみ割り人形」（一八九二年に作曲）の組曲の中の、〝アラビアの踊り〟が、コーヒーをイメージさせる曲として載っている。クラシックではこの二曲ぐらいだが、セミ・クラシックの分野で、「十八世紀のサロンにて」という曲がある。もっともこの曲は、モーツァルトの「ピアノ・ソナタ　ハ長調」に基づいて作曲したジャズ・センスあふれるユニークなナンバーで、一九三九年に出版、リーダー兼ピアニストのレイモンド・スコット・クインテットの演奏で大ヒットとなった。一九五〇年、日本コロンビアより発売となった。

　このレイモンド・スコットは、〝トルコのたそがれ〟の曲も作り、人気を得てからは、エディ・キャンター主演の映画「アリババ女の都へ行く」が日本でも公開されている。（VOL・4・POPULAR　MUSIC／NAT　SHAPIROより）。

　バッハの曲を見事にジャズったのは、仏のピアニスト、ジャック・ルーシェであり、見事にハモったのは、スウィングル・シンガーズである。M・J・Qのジョン・ルイスがバッハの対位法やフーガを取り入れ、オイゲン・キケロが、キース・ジャレットが……と、どうやらバッハの曲は、モダンジャズ・ピアノに受けるらしい。

　次のような思い出がある。四年ほど前の春末だしという感じの頃、世界的なチェリストのヨー・ヨー・マ（本名は、友友馬と書く）が、高松公演の後、旅館くらしきに泊まった。ヨー・ヨー・マの常宿である。その時、まったくの偶然とはこの事という出来事があった。それは、翌朝九時半頃彼が出発前の散歩に出たと自宅に電話が入り、妻はチェロを弾き、大のヨー・ヨー・マ・ファンゆえ、急いで車で駆けつけ、当人をすんなり

②ジャケットの裏の落書き「SPEAK LOW!」

と珈琲館にご案内し、コーヒー・タイム、そしてツー・ショットとなった。それから妻は旅館へ彼のチェロを見せてもらいに行き、私は、別にクラシック・ファンでもないし、珈琲を黙々と淹てていたら、旅館の仲居さんが私を呼びに来て、〝出発まで十五分程あるから一曲弾くそうで、御主人もどうぞと言われています〟とのこと。私は考え、こんな事は一生のうち最初で最後かもしれないぞと思い直し、あわてて旅館のテラスへ。私と妻と義弟の現旅館くらしき社長畠山理穂の三人だけで聴かせてもらった。その曲がバッハの無伴奏ソロだった。感激ひとしお、嬉しい思い出の一コマである。そうこうするうち「朱夏の妻ひたすらチェロに身を委ね」の俳句が岡山俳壇の特選に入り、私の初句集『朱夏』の題名となった（一九九八年七月刊、いなほ書房）。

そろそろ、本題の「コーヒー・カンタータ」の話にもどそう。いわゆる3Bは珈琲の強者であるが、いろんなことで肴《さかな》にされている。バッハはジャズられ、ベートーベンをぶっとばしたのは、チャック・ベリーで、「ブラームスはお好き」と小説にしたのはサガンであり、仲々に面白い所である。

この曲は、一七三二年の作品である。十七世紀末から十八世紀前半にかけての最大の音楽家は、バッハ（1685〜1750）であり、彼は歌劇を除いて、あらゆる種類の作曲を行ったが、特に『マタイの受難曲』は宗教音楽の最高峯を示すものである。

この頃のドイツの社会状況は、新しい飲み物であるコーヒーが、コーヒー・ハウスという男性社会から離れだして家庭に入り、女性達も飲み始めていた。この曲は、父親（テノール）がコーヒー好きの娘（ソプラノ）に対して怒っている。父親は、娘がコーヒーをやめると約束するまで婿をとらせないと脅かす。二人の歌での対話は長いので、一部を抜粋しよう。

父：何ていうやつだ！　恩知らずな娘よ、なぜ私の願いを聞き入れてコーヒーをやめてはくれないのか？

娘：お父様、そんな風におっしゃらないで。私は日に三度コーヒーを飲むことを喜びにしておりますの。ですからこの楽しみを奪っておしまいになったら、一体私は何の為に生きたらよいのでしょう？

娘：（ソロ）他のどの喜びにも増して、宝石や宝物よりも素晴らしく、つるから採ったブドウより甘いもの。ええ、そうよ！　最高の喜び！　コーヒー、コーヒー、どんなにその香りをいつくしんでいることか。私の愛を得るのなら、ええ、そうよ、コーヒーをちょうだい。それも凄いのをね。

父‥そこでだ、可愛い娘よ。お前は選ばなくてはならない。お前に道徳のかけらがなければ、わしにも考えがある。わしの忍耐もつきはてたぞ！　よいか、よく聞くんだ！　お前の服飾費から半分はわしがもらう。おまえの誕生日がもうすぐだが、わしからのプレゼントはなしだ。

娘‥……なんてことを！　でも私はお父様を許しますわ。そしてコーヒーを慰めといたします……。

父‥よいか、わしの最後通牒を聞け。おまえがコーヒーと縁が切れぬのなら、夫を持ってはならぬ。

娘‥ああ、お父様。何てひどいこと！　夫を持ってはならぬとは。

父‥誓って言う。わしも本気だ。

娘‥ああ、何て苛酷な御命令！　夫と私の楽しみのどちらかとは、何て無慈悲な選択でしょうか？　ええ、わかりましたわ、コーヒーをあきらめます。

まあ、こういう風な内容で、娘がコーヒーをあきらめることに決ったが、この賢い乙女は、はっきりと自分の心を決め、結婚を同意する前に、彼女の恋人は、彼女がいつ、どこでも望む時にコーヒーを飲んでもよいことを固く約束しなければならなかった。娘の知恵の勝。

写真①のアナログ盤の「コーヒー・カンタータ」の下に、〈お静かに、しゃべらないで〉と副題があり、よくみると、このレコードにはいろいろと落書きがある（写真①と②。それは、岡山の本格的ジャズ喫茶『シャイン《SHINE》』のアルバイト諸君のものである。この店は、一九七一年～一九八六年までの十五年間で幕を閉じることになるが、本格的オーディオ装置、レコード・ストック一万枚余を備え、「ディグ」のオーナーの中平穂積氏によるニューポート・ジャズ・フェスティバルのコルトレーン特集や、相倉久人・大和明等の評論家によるレコード・コンサート、映画会、ＬＰコーナー、平井康嗣店長の協力による新譜紹介コンサート、ホールやジャズ喫茶でのライブと、あの時代、岡山のジャズ暗黒時代を引っぱっていった店である。「スピーク・ロウ《SPEAK・LOW》（おしゃべりは小声で）明示店」で、アルバイトの学生が、うるさく話すお客に対して、このレコードを、ずっとさし出していた。お客の方は、理由がわからずポケーっとしていたが……。今から思えばなつかしく、レコードもそのままに残している。

コーヒーソング⑧

オッペケペー節
（日本最初のコーヒー・ソング？）

Ⓦ&Ⓜ 川上音二郎 Ⓒ1988
歌　神長瞭月（囃子、三味線伴奏）

①日本コロンビアF2-7133-4

この歌は、日本最初のコーヒー・ソングと私はみている。〝コーヒ〟（関西風）の言葉が一回、歌詞の中に出てくるだけなのに。

流行歌と呼ぶようになったのは、昭和に入ってからで、明治・大正の頃は、『はやりうた』と称した。又、はやり唄と仮名交りで書いた例も多い。大正・昭和にかけての頃には、流行小唄という呼称も用いられた。

ともあれ、呼称や形式にいろいろ変遷があったが、いわゆる流行歌の流れは、遠い昔から、いつの時代にも絶ゆる事なく、今日に至っているのである。

そして、いつの時代にも、流行歌は卑俗だという言葉を浴びるのが常であった。これは知識人に多かったが、一般大衆は、常に流行歌を欲し、これを支持した。この流れが、明治元年の『宮さん〳〵』の〝トンヤレ節〟から、大正・昭和・平成と時代を反映しながら続いているのである。

今回は、オッペケペー節の参考文献の①『流行歌三代物語』（高橋掬太郎著、S31年発行、学風書院）、②『流行歌百年史』（藤沢衛彦《もりひこ》著、S26年、第一出版社発行）、③『演歌の明治大正史』（添田知道著、S57年刀水書房発行）の三冊で話を進めてゆきたいと思う。

この時代、日本は、欧米に追いつけ追い越せとばかりに、欧化政策にやっ気となっていた。

コーヒーの店としては、明治21年に、「可否茶館」が上野に出来る（ここは、『日本最初の珈琲店』〔星田宏司著、いなほ書房〕に詳しいし、広告の復刻も出ている）が、この店も時期尚早として四年ほどで幕を閉じる。本格的なカフェが軒並み出現するのは、明治末期の「カフェー・プランタン」「カフェ・パウリスタ」等がそうである。

この中間にあるのが、世に言う『鹿明館時代』である。

政府は安政条約の持つ不平等条項を改め、対等の外交関係を結びたかった。それは、欧米諸列強の圧力を排除して主権を回復し、経済的自立をなしとげて、資本主義経済の発展

②表紙に高座でオッペケペー節を演ずる川上音次郎

を確保するためにも必要であった。その上、自由民権運動の高まりと共に、近代的な民族統一の前提となる民族独立のために、不平等な条約の改正を求める声は、国民的要求となっていった。

そこで井上馨が、苦肉の策として、「鹿鳴館」を設立し、ここが象徴する社交や上流社会の生活、風俗の欧化から始って、風俗改良運動や国語のローマ字化を目的とした。また演劇や建築の改良運動などがみられ、はては外人との雑婚による人権改良論までとびだしたが、これらは官僚・貴族達の皮相な西洋化の方策でしかなかった。

この政策も、反対運動の激化、井上外相辞職によりつまづいた。〈「(岡山弁)おどりゃあ、日本史の勉強か～?・」の声〉。

とにかくこの鹿鳴館に、紳士淑女が着飾って、ダンスに、洋食に、コーヒーに溺れたのは確かで、庶民にとっては高嶺《たかね》の花で、川上音二郎がこの「オッペケペー節」で、見事にこれを皮肉った。一八八六年(明治19年)に作詞・作曲され、一八九一年(明治24年)頃、この歌の流行は頂点に達する。②の表紙が、オッペケペー節演ずる川上音二郎である。

明治中期の頃から、演歌師時代に入り、彼等は、作詞したり、作曲したりしたが、今の作家のように、芸術家が地位や社会的な名誉などを考えなかったから、作るものに遠慮が無かった。レコードやテープに録音して用いることはなく、大衆の口から口へ、風のように流れたのである。

一八八一年（明治14年）頃から、自由民権運動が盛んとなり、板垣退助を総理と仰ぐ自由党の壮士達が、政治思想の目的で新しい流行歌を作り、〔読売り〕を始めた。その第一に発表したのが『ダイナマイト節』、あの〝ダイナマイトドン〟である。

自由民権時代（明治19年〜明治25年）に、このダイナマイトドンに続いて、オッペケペー節、改良節、やっつけろ節、愉快節が読売り壮士によって歌われ、大いに流行した。

この壮士達の読売歌を壮士節と称し、この頃活躍した人に、久田鬼石、添田唖蝉坊がおり、後に桜井敏雄等により、オッペケ会として生きている。この人はバイオリンをひきながら独唱し、高座はもちろん、都会の裏町を流して歩いた。これが演歌の始まりである。

読売壮士のうたい出した流行唄で、最も人気を呼び、大衆に愛唱されたのが、この「オッペケペー節」である。元唄は、

「権利幸福嫌いな人に、自由湯をば飲ましたい、／オッペケペ、オッペケペッポーペッポーペッポー、／かたい裃かど取れて、マンテルズボンに人力車、いきな束髪ボンネット、貴女《きじょ》に紳士のいでたちで、うわべの飾りは立派だが、政治の思想が欠乏だ、天地の真理が判ら

ない、心に自由の種をまけ、／オッペケペ、オッペケペッポー、ペッポッポー」であり、ここでは、コーヒーの名は出て来ない。

川上音二郎は、壮士芝居の俳優として有名だが、生れは博多で、14の時に上京、諸方で奉行の末、大阪で立憲政党新聞の記者となり、自由童子と号して、政府攻撃の過激な演説を行い、入獄すること数十回に及んだ。俳優修業は大阪歌舞伎の中村宗十郎の門に入ったのがきっかけだが、やがて高座に上って、このオッペケペーをうたい始めた。

歌詞を同じメロディに載せ、政治思想の鼓吹と社会風刺の文句を新作して歌った。一番人気があった歌詞は、「亭主の職業は知らないが、おつむは当世の束髪で、オッペケペッポーペッポッポー／言葉は開化の漢語にて、晦日のことわり洋犬（かめ）抱いて、不似合だ、およしなさい、何も知らずに知った顔、むやみに西洋鼻にかけ、日本酒なんぞ飲まれない、ビールにブランデー、ベルモット、腹にも馴れない洋食を、やたらに食うのも負け惜しみ、ないしょでソッと反吐ついて、**真面目な顔してコーヒ飲む**（関西ではコーヒと言う。例（花田コーヒ株式会社）、おかしいね、／オッペケペッポー、ペッポッポ」

この曲は、大人気故に、絵双六や錦絵にまで刷られた。なお、現在まで〝オッペケ会〟なるものが残り、一九八二年に浅草木馬亭で、桜井敏雄の〝ヴァイオリン演歌のオッペケコンサート・ライブ盤〟が、CBSソニーから出された。

この曲こそ、コーヒが出て来る日本最初のコーヒーソングであるが、ここで、日本のコーヒーソングを書くのは、この回だけだ。

昭和に入り、モボ・モガの時代に入ると、カフェの容相も一変し、大阪資本の東京進出で、エロを売り（それまでのカフェーの女給は二十歳代と若く、エロなどとは無縁の女だった。）、〝女給〟という名称は、大正7～8年頃から使われ始め、コーヒーよりも、食事とビールや酒が中心の店になった。

大阪資本のカフェーは、西洋料理とビールと、必ず看板があったという。これからエロ・グロ・ナンセンスの時代が始まる。

昭和元禄には、盛り場をうたう御当地ソングが流行《はや》った。昭和3年発行の『流行小唄新集』（渡辺迷亭著）には、

〝恋の灯　渦巻く　カフェーには　可愛アノ子が　笑たたへ　白いエプロン　蝶結び〟

と、当時の女給の典型的な姿が歌われている。

この昭和6年に大流行した「女給の唄」は、広津和郎が八ヶ月に渡って「婦人公論」に連載した小説「女給」を、帝国キネマが映画化したとき、主題歌として作られたもの。①

「女給―小夜子の歌」と、②「女給―君代の唄」と両方ある（①と②の作詞が西條八十であるところが面白い。歌手は①が羽衣歌子②が小松君子で、ビクター発売。参考『雑学歌謡昭和史』西沢爽著、毎日新聞社刊、〝女給の歌〟より）。

これは、コーヒーソングというより、カフェー・エゲツナー・ソングと言った方がいい（笑）。そして、昭和元禄も最後の昭和15年頃、「アノネ、オッサン、わしゃ、かーなわんよ」という流行語が飛び出して、猫もしゃくしも老若男女、軍人までが「わしゃ、かーなわんよ」とやったので、軍は口にすることまかりならんと禁止した（これは喜劇役者の高瀬実《み》乗《のる》が生みだしたもの）。

かなわんよの世相の中で、一杯のコーヒーに、ロマンチックな青春を求めた『一杯のコーヒー』が大流行となった。霧島昇の唄で、特に2番の、〝一杯のコーヒーから、モカの姫君ジャバ娘歌は南のセレナーデあなたと二人朗らかに肩をならべて歌いましょ〟の個所が有名で、当時としてはモダンな歌として、若い人、特に学生層に圧倒的に愛唱された。

当時コーヒーは一杯15銭だった。これを最後として、第二次世界大戦へと突入して行く。

……（『歌の昭和史』加太こうじ著、時事通信社）。

そして、戦後まず『コーヒー・ルンバ』（前出、S35年）、『恋の季節』（S43年。唄・ピンキーとキラーズ）が出、この辺りから、〝夜明けのコーヒー〟が、特に、ニュー・ミュージック系の歌手によく取り上げられるようになる。『わたしの彼は左きき』（S48年。唄・麻丘めぐみ）、『コーヒー・ショップで』（S48年。唄・あべ静江）、『襟裳岬』（S49年。唄・森進一）、『甘い生活』（S49年。唄・野口五郎）、『私鉄沿線』（S50年。唄・野口五郎）、『たそがれマイ・ラブ』（S53年。唄・大橋純子）、『きみの朝』（S53年。唄・岸田知史）、…『モーニング・コーヒー』（平成11年。唄・モーニング娘）で、20世紀の打ち止め。21世紀はどんな曲が生まれるのかと思うが、日本のコーヒーソング史は、これで「THE END（アール・グランドかドアーズで行くか？）としよう（参考文献『日本流行歌史―戦後編』より）。

コーヒーソング⑨

PLANTER-CAFÉ
（コーヒー畑）

Ⓦエッディ・マルネー Ⓜエミール・ステルン Ⓒ1958
歌 イブ・モンタン

①Yves Montand（PHILIPS.FD-90）

あの時代（五十年代）、アメリカにはフランク・シナトラがいた。フランスではイブ・モンタンがおり、日本では美空ひばりがおり、各者全盛期を迎えた。

モンタンは、「枯葉」（原題LES FEUILLS MORTES）を歌い、映画では「Z」を演じ、二十世紀を駆け抜けた世界の恋人。フランス人歌手の中でもモンタンの本の日本語訳は、エディット・ピアフに次ぎ二番目に多い。昭和31年《1956年》に、『頭にいっぱい太陽を』（モンタン著、渡辺淳訳、ミリオン・ブックス）と『世界の恋人、イブ・モンタン』（クリスチャン・メグレ著、芦原英了訳、理論社）がすでに出版されている。

モンタンは、一九四六年の映画『夜の門』（監督は、マルセル・カルネ）の中で、「枯葉」を創唱したが、まったくヒットせず、映画も評価が低く、気がめいっていた。この「枯葉」は、一九五〇年にアメリカに渡りジョニー・マーサーが英語詞をつけ、AUTUMN LEAVESの題となり、一九五五年のあのロックンロールの始まった時、ロジャー・ウイリアムスのピアノ演奏がビルボード誌で№1となり、またラルフ・シャロン・トリオをバックに、スウィンギーに歌ったトニー・ベネット盤がヒットチャートに登った。実はこの曲を有名にしたのは、ジュリエット・グレゴが歌い続けたのだ（私は〝銀パリ〟でグレゴを、この曲を聴いた）。そして、今やリーダース・ダイジェストが毎年するリーダーズ・ポールの世界で、一番人々に愛される曲のベスト5に必ず入る名曲となった。この名曲の創唱者としてだけでも、モンタンは、歴史に残る人である。

58年頃だったか、彼のドキュメンタリー映画『シャンソン・ド・パリ』（56年のソビエト公演の彼のリサイタルを記録したもの）がある。黒いタートル・ネックのセーターに黒のズボンで歌う、まさにこの時代、ハリー・ベラフォンテとの好敵手として、黒の時代を表出した。

モンタンをスターダムに押し上げた人に、エデット・ピアフがいる。彼女は、モンタンを自分のショーの相手役に選び、その上、映画俳優として成功させようと努力する。その為には、ピアフは2年間も酒をたつこともした。

何作目かに、アンリ・ジョルジュ・クルーゾー監督が、52年「恐怖の報酬」の主役に抜擢し、この映画が世界的にヒットし、映画スターとしての地位を固め、演技派として、仏にモンタンありと言われた。

私は、モンタンの映画では、まずこの映画をあげる。そして、この頃、想像もしなかったマリリン・モンローがモンタンを相手役に選んだ。60年のジョージ・キューカー監督の「恋をしましょう」（原題・レッツ・メイク・ラブ）である。

この映画はイカした。モンローの相手役としての最低のドン・マレーどころか、相まって題名どおり二人は恋をした。これに驚いてシニョレ夫人は、〝カックーン・ショックだ・ダムの月〟で自殺未遂まで起こすほどだった。

その後、コスタ・ガブラスの三部作で政治色の強い「Z」・「戒厳令」・「告白」の頃が全盛期で、私は晩年の「ギャルソン」が好きだ。

また歌の方（写真①）も、一九五〇年、つまり戦後5年目にあたる昭和25年頃から「枯葉」は次第に人気が出て来たと、いろいろな資料が伝えている。そしてこの年「バルバラ」でACCディスク大賞を取り、51年には「辻馬車」で、52年には「漕役刊囚の歌」で、3年連続のディスク大賞に輝いた。シャンソン界で初の偉業であった。

これ以後、シャンソン歌手（日本では、高英夫が出ることにより、〝おシャンソン〟と自ら言っていた）として、映画俳優として、大活躍することとなった。以下略。詳しくモンタンを知りたい方は、前述2冊と、鈴木明著『イブ・モンタン―20世紀の華麗な幻影』（毎日新聞社刊）と『ある男の歌―イブ・モンタン』リシャール・カナヴォ&アンリ・キクレ著・早川書房を御覧あれ。

私は幸いにも、一九六二年のモンタン公演、一九六六年ジョン・コルトレーン公演、一九六五年のビートルズの武道館公演、一九五六年のエルヴィス・プレスリーのデビュー（日本には来ず）、一九五〇年代は、私にとってショックンロール・ミュージックばかりで、私の脳は音楽百科辞典となった、あの東京時代の十年間は大いに学ぶことを忘れ、『ラクチョウ』（有楽町）では、〝ハンター〟や、〝ヤマハ〟をあさり、〝銀パリ〟でライブを開き、そうそう、向かいの〝島崎雪子の店〟ものぞき、露地の奥の「ランブル」という珈琲店にも二、三回行った。いま思えば、実に実に良き時代～〝昔は良かった〟。

そろそろ、本題の「コーヒー畑」にもどろう。58年にモンタンの創唱により世に出、仏でヒットしたが、日本ではそうでもない。この曲を歌う時、ステージでは必ず麦藁帽子をかぶって歌ったモンタンは、うめくように歌う。

訳は、「コーヒーを植えるのは、か弱い奴むきじゃない。いつもかがみっぱなしで、それは苦しいことなんだ。夏は暑くて、太陽が重くのしかかり、耐えなくちゃいけない。それは一人きりにはあんまりだ。僕はもう腕が痛くなる。……コーヒーの夢を見る、これほどいらいらすることはない……コーヒーを運ぶ、船腹まで……　それが苦しいんだ」

おそらく、コーヒー農園で仕事にたずさわる人の仕事の苦しさを歌った一種のワーク・ソング（労働歌）とみていいだろう。

どこの国かは、内容からして理解できないが……。〝赤道直下マーシャル群島……〟じゃないけれど、熱帯のコーヒー・ベルトの仕事は苛酷である。十五世紀から始まる大航海時代、黒人奴隷貿易が始まり、イギリス・オランダ・フランス・ポルトガル・スペイン等の植民地争奪戦によるコーヒーの伝播・モノ・カルチャーを各国持ち帰り、黒人を送り込んだ。黒人達は酷使され、大きい労働力として働かされた。そうした苛酷の中の安らぎの時に、故国をしのび、故郷の歌を皆で歌い励まし合った。こういうことで労働歌が生まれたのは、無理もないことだ。

移民も同じで、日本の場合、ブラジル移民・ハワイ移民・アメリカ移民も夢であるどころか苦が待っていたのだ。

ハワイでは「ホレホレ・ソング」がよく歌われたと、ジャック・Y・タサカ著の『ホレホレ・ソング』（哀歌でたどるハワイ移民の歴史・コミュニティ・ブックス社）にある。また北アメリカに送られた黒人は、主に南部の綿花栽培に従事し、ここから〝フィールド・ハラー、シャウト、ワーク・ソング、ブルース等が歌われ、ジャズの誕生となってゆくのである。一八九〇年頃、ＪＡＳＳ〟という言葉が生まれ、一九一〇年頃にＪＡＺＺとなり、一九九九年には二冊の〝ジャズ百年史〟という本が出版された。何事も百年すぎれば立派な芸術なのだと思う。これは主に、西アフリカから奴隷として連れて来られた黒人の、立派な遺産に違いない。

コーヒーソング⑩

コーヒー・シガレット&メモリーズ

Ⓦ&Ⓜ ステュアート&リーデ ©1958
歌 ジェリー・サザーン

①ジェリー・サザーン(ルーレット,R-25039)

私は、ジェリー・サザーンが大好きで、このアルバム（30センチLPアナログ盤）を、正直3枚持っている。最初は高三の頃買った同じタイトルのLP。だが、これは3枚のLP（ルーレット2枚、デラム1枚）からの抜粋で12曲選曲（日本ビクター）、解説は大橋巨泉（この人については後で述べなくてはならない）。2枚目が再発盤で、フレッシュ・サウンド・レーベルから発売されたもの。そして3枚目は、オリジナルのルーレットの輸入盤で、①の写真はこれである。

さて大橋巨泉だが、当時、ジャズ・

②ルース・エッティング（COLUMBIA ML-5050）

ボーカルの解説にかけては、コレクション・知識において、彼の右に出る者はいなかった。年上のジャズ評論家油井正一と共訳したビリー・ホリデーの伝記『黒い哀しい歌』（世界ノンフィクション全集40巻・筑摩書房。この本は後に、晶文社より、『奇妙な果実』として再発行された。）でも巨泉の名は知られていた。

そして奥方がジャズ・ボーカルの女王マーサ・三宅であることも含めて、解説が巨泉だったら安心してレコードが買えた。ところが、その連理が崩れ、巨泉は若い女性の元に走り離婚となり、マーサ・三宅はボー

③ジェニー・プライス、ヘレン・モーガン（RCA LPV-561）

カル教室を開き、多くのボーカリストを輩出した。一方、巨泉は持ち前のキャラクターを買われ、11PM《イレブン》で、ボーリングから麻雀、競輪と若い子に囲まれ大いに浮上、コマーシャルの〝ハッパフミフミ〟も流行語になるほどだった。

もっとも、ここで私が言いたいのは、こういうことでなく、ボーカル評論家として今まで活躍していたなら、どんなに大家となっていたことだろうということだ。レコードはすべてマーサ・三宅にゆずり、一冊も著作を残していない。だが娘の大橋美加が、1990年に『ジャズ・イン・シネマ《スクリーンに現れたジャズ》』（ビクター音楽K・K）を出し、今後が期待されるところである。

今回の「コーヒー・シガレット＆メモリーズ」は、あまり知られていない曲で、シャピロ・ディスコグラフィ1950―59にも載っていないから、わざわざ、このアルバムのために作られたのかもしれない。これは、トーチ・ソングである（トーチ・ソングについては後で詳しく述べる）。

次に書いた聞き取りと訳は私である。慮ってみれば、私の中・高時代には日本訳はなく、気にいった曲は何日間も〝聞き取り〟をした。最初はカタカナで書いて行き、それから英語に直し、最後に辞書を片手に日本語に訳す。英詞をみつけ比較する時、合っていると非常に嬉しかった。この曲もそういう理由でみっともないが、載せることにする。

〝つれあいと私のきずなは、コーヒーとタバコとたくさんの思い出なの。それらは、私の夜を充分に満たしてくれた。つれあいが、私の元を去ってしまった後、私は、ドアの音に耳をそばだて、本をみつめ、つれあいが、たぶん帰ってくるのを期待しながら、待ちつづけている。私には少しも過ちは無いのだが、私の方が謝ることになるだろう。つれあいのコーヒー・タバコ・思い出にふけりながら、私の元に帰って来るのを待っているのよ〟

こういう内容の、失恋ソング《トーチ・ソング》で、恋人に逃げられた歌である。

さて、問題のトーチ（TORCH）だが、Ⓐ松明《たいまつ》の意味と、Ⓑ身を焦がすという意味で、アメリカでは、キャリー・ザ・トーチ・フォー（米俗）の熟語として使われ、……に恋の炎を燃やす。その反対の……に対する報われぬ恋に悩むとある。簡単に言えば「失恋の歌」で、これをトーチ・ソングという。昔、うら若きジャズ評論家が、松明の歌と訳して、失笑を買ったことがある。そしてそういう歌をうたう歌手を、トーチ・シンガーと言い、主に女性の立場からの歌で、１９２０年代～１９３０年代が全盛期である。

この同時期、クルーナーというピング・クロスビーを中心とする唱法が一世を風靡していた。またシナトラが登場する30年代、スウーンナーと呼ばれ、両方とも失神する意味。

〔参考文献『ラブ・ソングス』（スイングジャーナル・ムック・1985）〕。

トーチ・シンガーも、時代が進むにつれ、れっきとした系譜が出来ている。写真②のル※ース・エッティング（※印は、後に映画出演）、写真③のジェニー・プライス、ヘ※レン・モーガンは三大トーチ・シンガーと呼ばれ、後に、リビー・ホルマンやガートルード・ローレンス、マリオン・ハリスなど、「トーチィ（TORCHY）」となれば、身を焦がすように歌うの意味で、このタイトルでアルバムを出している人が何人もいる。例えばカーメン・マクレーの「トーチー」（デッカ）、ビリー・ホリディの「トーチー」（ヴァーブ）、カーリー・サイモンまでがロック・タッチで「トーチー」（W・B）を出し、シルビア・シムスが「トーチ・ソング」（Cel）、ゴギ・グランドが「トーチ・タイム」（RCAビクター）と色々ある。

私のトーチ・ソングのベスト3曲は、「ザ・マン・アイ・ラブ」「ビル」「イエスタデイズ」。そして、私のラスト・ソングの「テネシー・ワルツ」もそうである。ジョー・スタッフォード盤（Cel）がいい。

この原稿を書いている今は、恋猫のシーズンだが、ここで「トーチー」をもじって一句

松明のごとく恋猫身を焦がす　健郎

凡作。松明をたいまつと読んでくれるかどうか心配であるが、こういう遊び心が何事にも必要だろう（森川忠信という人が笑ふ。笑ふのはただ一人？）。

日本での知名度の点では、やはり、ヘレン・モーガンだろう。1929年のM・G・M映画『ショー・ボート』に出演し、〝ビル《BILL》〟や〝あの人を愛さずにはいられない《CAN'T HELP LOVIN' DAT MAN》〟を歌い、どちらも恋の松明を燃やし続ける女の歌である。この映画と曲のヒットで、ヘレン・モーガンは一役有名となった。映画も合計3回作られている。

1950年代の米国映画界は、伝記物ブームだった。1957年にW・B映画で、マイケル・カーチス監督が『ヘレン・モーガン・ストーリー』（邦題は追憶）が作られ、アン・ブライスがモーガン役だった。アン・ブライスも歌えるが、トーチ・シンガーに向かず、前述のゴギ・グランドが吹替えをし、サウンド・トラック盤は、ゴギ・グランドの「ヘレン・モーガン・ストーリー」としてRCAビクターから出ている。恋の相手役は、若き日のポール・ニューマンである。ゴギ・グランドは、ポピュラー歌手だが、「風来坊《WAY WORD WIND》」のヒットでも名が残っている。

もう一作ある。身を焦がすようにせつなく歌うのでなく、ハッピーに歌った人に、ルース・エティングがいる。この人の伝記映画が、チャールズ・ビター監督により、1955

年、ドリス・デイ、ジェイムス・ギャグニー主演で作られている。題名は『ラブ・ミー・オア・リーブ・ミ』（邦題が〝情欲の悪魔〟で、この日本題名が評判となった）。ドリス・デイが可憐に歌った。

「トーチ・ソング・リアリティ」という映画がある。1988年米作品。ポール・ボガード監督、主演・ハーベイ・ファイアスティン、アン・バンクロフト、マシュー・プロデリック他。原作はトニー賞最優秀戯曲賞、主演男優賞受賞の舞台劇である。ゲイの話で、下品になるので詳細は略す。

1933年に「アイブ・ガット・シング・ア・トーチ・ソング」、1953年に「トーチ・ソング」という映画があるということだが、日本未公開にて詳細不明。

コーヒーソング⑪

COFFEE SONG
(コーヒー・ソング)

Ⓦ&Ⓜ ボブ・ヒリアード&ディック・マイルズ ©1946
歌 フランク・シナトラ

①フランク・シナトラ　グレイテストヒット(COLUMBIA, CL-2474)

そのものずばり、「コーヒー・ソング」である。ブランキーこと、フランク・シナトラの一九四六年秋の大ヒット曲で、十月十六日付ビルボート誌の、ヒット・チャートで六位まで上っている。アメリカでは大ヒットしたが、日本では当らず、すぐ後にヒットする「ギブ・ミー・ファイブ・ミニッツ・モア」(邦題は、あと5分あればね。日本ではこちらの方がよく知られている)と入れ替る。

第二次世界大戦中アメリカは、中南米諸国との外交を推進中で、この曲は、ブラジル讃歌と言ってよい。ほかに歌っている人では、イーディ・ゴーメがいる程度で、

②イーデー・ゴーメ(CBS CONY, ZZAP-2726)

スタンダード曲ではなく、当時のポップ・ヒット曲である。意味は、〝ブラジルの陽気に照らされて、コーヒー豆がたっぷり実っている。煎れても注いでもなくならない。コーヒー・カップが足りないくらいさ。（ブラジルには、コーヒーがあふれ香っている）「（ ）の中が副題である」。

チェリーソーダが欲しいって？ それよりコーヒー飲んでもらわなきゃ。いくら売ってもさばき切れそうにない。ブラジルからコーヒーがあふれ返っている。紅茶もなければ、トマトジュースもない。ポテト・ジュースなんてなおさらだ。サントスじゃ農園のみんなが口をそろえて言ってるよ、「飲むんだったらコーヒーじゃなきゃ、ダメ、ダメ、ダメ」。

ある代議士の娘が訴えられて、罰金50ドルを言い渡された。コーヒー飲まずに水を飲んだってのが罪状さ。ブラジルにはコーヒーがあふれ香ってる。ハムエッグにはコーヒーケ

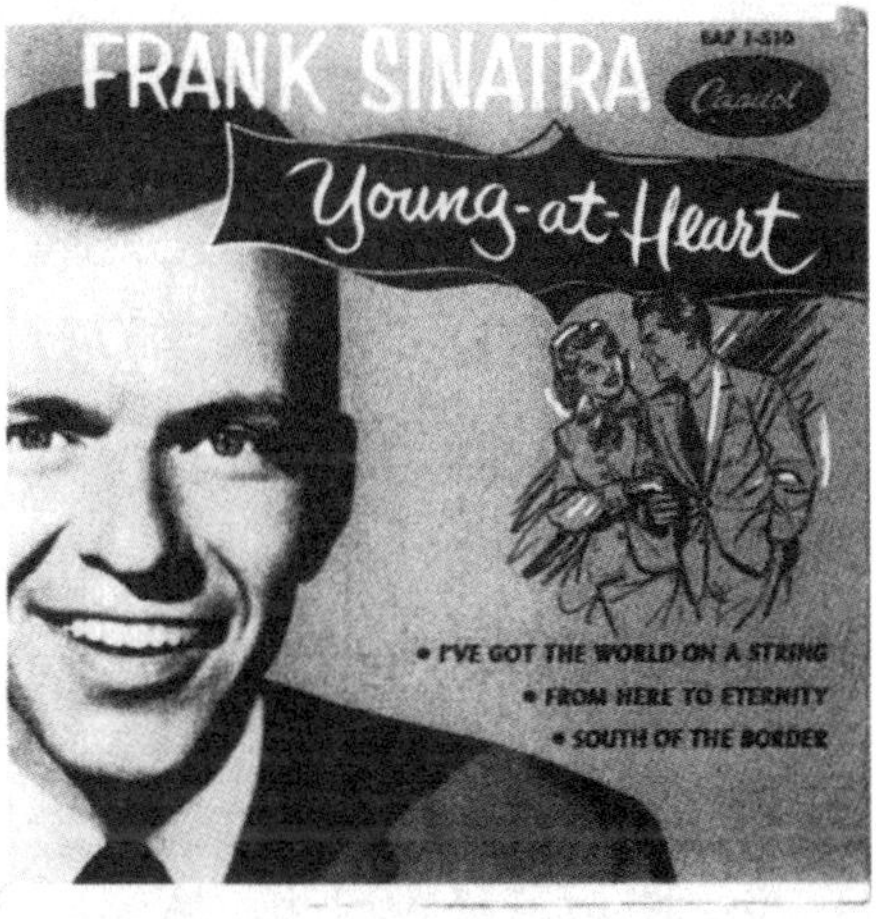

③ヤング・アット・ハート（CAPITOL, EAP1-510）

チャップ、ピクルスだってコーヒー風味が大人気、コーヒーに足すのはミルクじゃなくてコーヒーさ、……コーヒーの横にクルーラー、そいつをちょいと浸してごらん、あっという間にブラジル風味が漂うよ……ちょいとペドロ、懐中電灯とってくれよ、あのシュガーが見つからないんだ〃という内容で、あほらしい。

　フランク・シナトラ（1915〜1998）は、すなわち、私の青春だった。98年5月14日、84歳でなくなった。5月14日が、「中国虎忌」（自分でそのように言っている）で、私は疒の俳人である。もちろん、その日の夜は、追悼のLPをかけ、句も作った。古いノートには追悼句を4句作って、朝日新聞の〃岡山俳壇〃に投句すれど、すべて落選。お笑いくだされ！　二句だけ披露する。

シナトラを偲び麦酒のほろ苦し　健郎

シナトラ逝き我が青春にとどめさす　健郎

シナトラを意識し始めたのは、高校生の始め頃に、EP盤の『ヤング・アット・ハート』（これは、ドリス・デイとの共演映画で、主題歌のこの曲もヒットした。）の中に入っている、「サウス・オブ・ボーダー」《（これは、キャピトル・レコード）》に心引かれての事だった。そして「フランク・シナトラをあなたに」（コロンビア・レコードの2枚組セット《（箱入り）》の〃フォー・ユー〃シリーズで出た日本盤)、ここらあたりからシナトラに夢中となった。

初めてシナトラの顔に接したのは、『地上《ここ》より永遠《とわ》に』53年制作のフレッド・ジンネマン監督作品で、音楽は、モリス・ストロフである。シナトラは、この映画ではまったく歌わず、好演技が認められ、アカデミー助演男優賞を得て、今までのミュージカル・スターから見事に演技派として開花した。

この映画のヒットで、「フロム・ヒア・トゥ・イタニティ」(映画と同名)が作られ、ヒットし、今ではこの映画の主題歌のように思われている。この映画のシナトラを見て、〝チェ！ こんな顔の男か？〟と思ったが、この53年まで、シナトラ最大のスランプがあるのである。この話をしなければ、シナトラの事は語れまい。

シナトラのレコード遍歴は、ハリー・ジェイムス楽団10曲、次ぐトミー・ドーシ楽団83曲、(以上がバンド・シンガーとしてのシナトラの時代)、42年に独立(コロンビア時代・この時期250曲以上録音)。52年からキャピトル時代(この時代が全盛期)で、シナトラを聞きたい人はこの時代をお勧めする。それから自己のレーベル・リプリーズを62年設立し、この時代も中々いい。

スランプとは、ひとつに、1939年に結婚したナンシー・バルバトとの不仲説(51年に離婚する)。そういう中で、エバァ・ガードナーとの恋がマスコミでささやかれ始める。エヴァと言えば、絶世の美人。MGMのスクリーン・テストで無条件で契約。最初はなかなか芽が出ず、前夫のミッキー・ルーニーやハワード・ヒューズが奔走し、やっと1946年「殺人者」で主役を射止める(共演は、バート・ランカスター)。

妻がおりながら、エヴァに御執心。アフリカの『キリマンジャロの雪』の撮影場所まで追っかけ、又々マスコミにたたかれた。〝エヴァは蟬《せみ》がお好き〟(ミッキー・ルーニーやシナトラしかり)とマスコミは面白く書き、それでも、エヴァは、イエスと言わない。米テレビ映画「フランク・シナトラ物語」では、ナイト・クラブで『アイム・ア・フール・トゥ・ウォント・ユー』を歌っている所へエヴァが現れ、1951年ナンシーと離婚した後、二人は結婚するが、長くは続かなかった。

もう一つ。48年頃からの歌のマンネリ化。コロンビア時代のシナトラは、スウーナー(気絶させる人)又は「ボイス」と呼ばれ、第一期黄金時代を築くが、弦を使ったロマンティックなスウィートな歌に翳りがさし始める。レコードの売上げも下降をたどり、映画会社も見切りをつけ、50年のあるショーでは、突然声が出なくなり、「シナトラもこれでおしまいか?」とたたかれる。

こういう低迷状態が52年ぐらいまで続き、話は映画『地上《ここ》より永遠に』の53年にもどるが、この原作のマディオ役を得る為にマフィアを使った、という話もある。この映画の成功で、シナトラも賞《（アカデミー助演男優賞）》を取ったので穏便に終ったが、以後ついてまわる事になる。

53年、シナトラの第2期黄金時代が始まる。キャピトル・イヤーズと言われる十年間で、多くの傑作アルバムを残す。アレンジャーを自分で選び、スウィンギーな面とバラードの面をうまく歌い分けた。また、映画と歌手を両立させ、主題歌の多くがヒットした。

私が、シナトラにカクンと来たのは「国境の南」であるが、この曲は、シナトラをカムバックさせた曲として、ポピュラー音楽史に残るものだ。この曲がA面トップに入っている「ザ・ベスト・オブ・フランク・シナトラ」を購入したのは、高校一年頃だったと思う（東芝音楽工業株式会社、原盤キャピトル・2LP—200）。これからシナトラ狂になり、現在、LP盤でゆうに100枚は越す。

愛懐盤は、「イン・ザ・ウィ・スモール・アワーズ」と「マイ・ポイント・オブ・リターン」で、後者には、〝アイル・ビー・シーイング・ユー〟と〝アイム・ア・フール・トゥ・ウォント・ユー〟が入っている。50年代、いや20世紀最大の歌手として永遠にその名を残すだろう。

マフィアとの関係、プレイボーイとしてのシナトラ、シナトラクランのボス、ジュニアは親の七光りで大成せず、ナンシー・シナトラは、何とかヒットも出し、成功した。ボスが死に、シナトラクラン（ボスの他、ディーン・マーチン、サミー・デヴィス・ジュニア、ピーター・ロウフォード）もなくなり淋しくなった。懐かしの50年代～〝昔は良かった〟（エリントンの名曲）と言いたい。

この原稿を書いている間に、ピー・ウィー・キング（48年に〝テネシー・ワルツ〟を自作自演。この曲を私は、ラスト・ソングと決めている）の訃報。何人の方からの手紙や電話、その夜追悼。同じカントリー歌手ハンク・スノウの訃報、その夜、〝ア・フール・サッチ・アズ・アイ〟で追悼。〝ああ、明治は……ではなく、1950年代も遠くになりにけり〟である。

シナトラの事はここまでにして雁渡る（傍点の所は、俳人にしかわかりません）。もし、シナトラの事をさらに勉強したい人の為に、本を紹介しておきます。まず、大ヒット曲を題名にした『マイ・ウェイ』『ヒズ・ウェイ』《（キティ・ケリー）》『シャトラ』《（アーノルド・ショー）》『ザ・ヴォイス』《（ピート・ハミル）》、日本では『フランク・シナトラ大全集』（ジャズ批評97）等がある。米テレビでは『フランク・シナトラ物語』が数年前に放映された。

コーヒーソング⑫

IN EINER KIEINEN KONDITOREI
（小さな喫茶店）

Ⓦ&Ⓜ レイモンド&ノイバッハ ©1931
セット盤 マレーク・ウェーバー楽団

①タンゴ・アルバム（ROCOCO, YZ-91-RC）

この曲は、歌謡曲と思われがちだが、タンゴの名曲である。

　慮れば、20世紀にはタンゴ・ブームが3度あった。①1920年代、②1950年代、③1990年代である。

　ヨーロッパにタンゴが始めて紹介されたのは、意外と早く1900年代始めで、一般に流行するようになったのは、第一次世界大戦の後で、タンゴが社交場裡のダンスとして採用されるようになってからである。その後は、「ダンスの女王」と言われて、ドイツ・パリ・ロンドンを中心に、全ヨーロッパ

②中野忠晴（日本コロンビア, AX-7389）

に遼原の火の如く拡まって、その勢いは、遂に海に渡ってアメリカに及び、「タンゴ・ブーム」を生んだほどである。これが①の、欧羅巴（欧州）タンゴのブームである。この時代に、本場のアルゼンチンからヨーロッパへ、多くの楽団が渡っている（例えば、フランシス・カナロ、エドヴァルド・ビアンコ等）。

このバンドネオンの奏でる歯切れいいリズム、それに唄とエキゾティズムの踊りに、欧州がしびれたのだ。

ここに、タンゴを語る上に絶対に欠かせない人がいる。〝世紀の美男〟と呼ばれたルドルフ・ヴァレンチノ（1895―1926）である。この人は、ダンサーあがりの映画男優で、一世を風靡し、今でも、上向きの等身大のヴァレンチノの像に、キスをしに来る人が絶えないと言う。

この人は、1921年の映画「黙示録の四騎士」に初主演。26歳の時である。プレミア・

③小さな喫茶店（ビクター，SS-1052）

ショーから、爆発的な人気で、映画は記録やぶりのヒットとなった。時代があたかも、こうしたエキゾティックな甘い二枚目を求めていたのだろうか？　しかし彼は１９２６年、31歳で死亡。ジェイムス・ディーンの夭折と共に、ハリウッドの二大悲劇とされるのも、むべなるかな。

　この映画の中で、最初にタンゴを踊ったスターであり、ガウチョ姿でタンゴを踊る世紀の２枚目スター(相手女性ダンサーは、アリステリ)のヴァレンチノは、世界中の女性を夢中にさせてしまったのであり、またヨーロッパでのタンゴ・ブームにいっそう拍車をかけた張本人であった。

　最後の映画は、「熱砂の舞《(サン・オブ・シーク)》」であった。死後の１９５０年には、アンソニー・デクスター主演の「ヴァレンチノ物語」が作られ、その主題曲が〝ヴァレンチノ・タンゴ〟である。また、１９７７年に、ケン・ラッセル監督、ルドルフ・ヌレーエフ主演で伝記映画が作られ、日本でも公開された。

　さて、パリで流行したタンゴは、１９３０年代にドイツを中心に、その黄金時代を迎える。バルナバス・フォン・ゲッツィ、マレーク・ウェーバー、ダヨス・ベラ、オットー・ドブリンド楽団が活躍し、本場タンゴと区別して、〝コンチネンタル・タンゴ〟と呼ばれた。アルゼンチン・タンゴの花形がバンドネオンなら、コンチネンタル・タンゴは、アコーデイオンやヴァイオリンが主役をつとめた。

コンチネンタル・タンゴの全盛期に生まれた名曲は、「碧空」「小さな喫茶店」「バラのタンゴ」「夢のタンゴ」「ジェラシー」等数多い。ロマンティックな甘いメロディが特色である。

これらの名曲が、続々とアメリカに渡り、第一次タンゴ・ブームを生む。これは、コンチネンタル・タンゴ・ブームで、人気を呼んだのはドイツタンゴ。ゲッツィ楽団の「碧空」が代表である。日本でも、同じ現象が起こった（参考文献『ムード音楽』浅井英雄著・誠文堂新光社、Ｓ54年）。

もう一つの映画に、ロバート・アルドリッジ監督、マーロン・ブランドとマリア・シュナイダー主演の『ラスト・タンゴ・イン・パリ』があり、この映画の終わり近くで、二人がダンス・ホールでタンゴを踊り、折から開催中だったダンス・コンテストを目茶目茶にしてしまうシーンが、記憶に新しい。

この30年代の、アメリカでのコンチネンタル・タンゴ・ブームは、約10年ほど続き、またルンバ・ブームの年でもあり、１９３６年から、スウィング・ジャズの到来となった……。

２回目のブームは、１９５０年代初頭（正確には51年）である。１９５０年のヒット・パレードを見ると、パティ・ペイジの「テネシー・ワルツ」が№１で、世界的流行となり、それから5年間は、〝ワルツの時代〟を迎える。同じ年、フォーク・グループのザ・ウィーバーズが、ゴードン・ジェンキンス楽団をバックに、「グッドナイト・アイリーン」を№1にし、第一次フォーク・ムーブメントが起こる。また1950年は、〝エル・マンボ〟（ソニー・バーク楽団とペレス、プラド楽団）が大ヒットし、世界あげてのマンボブームの到来となった。

その後、チャ、チャ、チャ（ほんの短期間）、カリプソ、1955年からのロックン・ロールの始まり、また1958年、キングストン・トリオの登場により、第2次フォーク・ムーブメントとなる。このように50年代は、多彩であった。

1951年、「アイ・ゲット・アイディアス」（原曲は、アルゼンチン・タンゴの名曲〈アディオス・ムチャーチョス〉トニーマーチン《（RCAビクター）》の歌で大ヒット）、そして1952年アメリカ製タンゴの「ブルー・タンゴ」《（ルロイ・アンダーソン指揮楽団）》（デッカ）がトップを飾り、タンゴ・ブームに拍車をかけた。

このように、Ⓐアメリカ製タンゴと、Ⓑ本場アルゼンチンの英詞化の、二面でのブームだった。

Ⓑの最大のヒットは、「キス・オブ・ファイヤー」で、オリジナルは52年に、ジョージア・ギブス《（マーキュリー）》、日本では、ルイ・アームストロング《（デッカ）》盤の方が流行した。もう一曲、

アルゼンチン・タンゴで、日本人で一番好む「ラ・クンパルシータ」の英詞の〝ストレンジ・センセイション〟が、ジューン・バリの唄で、54年に（ＲＣＡビクター）大ヒットとなった。

Ⓐの方は、前出の「ブルー・タンゴ」《（ＲＣＡビクター）》の他に、52年に「ティクス・トゥ・トゥ・タンゴ」が（唄・パール・ベイリー《（コーラル）》）ヒットし、その影響は、カントリー界にも及び、52年に、ピー・ウィー・キング楽団が、「テネシー・タンゴ」「エクスタシー・タンゴ」（スリー・サンズでヒット、ＲＣＡビクター）等が、ヒット・パレードをにぎわした。しかし、この第2次タンゴ・ブームは約5年間ぐらいで終わり、１９５５年からロックの時代に入る。

第3次タンゴ・ブームは、友友馬《ヨーヨーマ》と、アルゼンチン・タンゴの巨匠アドバール・ピアソラ《（バンドネオン奏者）》の共演から始まる。友友馬（以下ヨー・ヨー・マとす）は、クラシック界の世界的チェロ奏者で、共演者の帽が広い。ボビー・マクファーリン《（ジャズ・ボイス）》、ステファン・グラッペリ《（ジャズ・ヴァイオリン奏者）》、バーンダンス楽団《（カントリー、ジャズバンド）》等と共作し、幅広いファン層を持つ。

このヨー・ヨー・マが、『ソウル・オブ・ザ・タンゴ』（ザ・ミュージック・オブ・アストール・ピアソラ、ソニー１９８７年録音）を発表。１９８８年に、サリー・ポッター監督作品『タンゴ・レッスン』のサウンド・トラック盤に、ヨー・ヨー・マ、ピアソラ等らが選曲され、それぞれブームに拍車をかけた。さらに、『ピアソラ』という本（小沼純一著河出書房）が１９９７年に出版された。日本でタンゴミュージシャンの本が出るのは、初めてである。

ピアソラは、１９５０年代中期に、新感覚で持って、新生タンゴを生んだバンドネオン奏者で、１９９２年に死亡している。今また（二〇〇〇年）、第3次タンゴ・ブームと言うより、ピアソラ・ブームと言った方がよかろうか？

以上、20世紀の3回のタンゴ・ブームについて書いて来たが、タンゴ誕生（１８８０年頃）から百年を経ている。フランシスコ・カナロの来日、コンチのアルフレッド・ハウゼ、マランド楽団、リカルド・サントス（60年代初頭に、電話リクエストで〝真珠取り《パール・フィッシャー》のタンゴ〟がよくかかった。ウェルナー・ミューラー楽団等のコンサートにも行った。大学時代、神田神保町の古本屋街の路地奥に、〝ミロンガ〟というタンゴ喫茶があり、本を買っては、そこを憩いの場とした。この店は今でもあり、神保町に行けば、そこに寄る。もちろん本場タンゴの店で、時折、ブエノス・アイレスはどんな町かと想像したりもする。

また、昔、倉敷の内山下小学校を少し西に下りかけの所に、ラテン喫茶〝ともしび〟があり、まさしく、〝小さな喫茶店〟で、結婚前の私達のデイト場所であった。今はないが、フランシス・カナロの日本公演「カナロ・イン・ジャパン」をリクエストするのが常だった。私事で申しわけないが、時代は、どんどんたってゆくのである。

小さな喫茶店は、ドイツの曲で、日本では1931年洋楽で、マレーク・ウェーバー楽団で大ヒットとなったが、最初は、「カフェの魅惑」というタイトルだった。又、アメリカに渡り、「イン・ナ・リトル・カフェ」という題となった。これは、コンチネンタル・タンゴで、歌詞もあるらしいが、私は聴いたことはない。

日本では、歌詞をつけ各社競作となった。全部は紹介しきれないので、二つだけにする。一番流行ったのは、コロンビア盤の中野忠晴のリズム・ボーイズで、その歌詞を紹介する。意外に多くの人が知っているのだ。特にⅡ番の棒線の部分を！　日本語の歌詞は谷秀夫である（昭和10年5月発売。当時コーヒー15銭）。

（Ⅰ）それは去年のことだった　星の綺麗な宵だった
二人で歩いた　思い出の小径だよ
懐しいあの過ぎた日の　事が浮ぶよ
この道を歩くとき　何かしら　悩ましくなる
春さきの　宵だった

（Ⅱ）小さな喫茶店に　はいった時も

二人はお茶とお菓子を前にして
ひと言もしゃべらぬ
そばでラジオは　甘い歌を　やさしく歌ってたが
二人はただだまって　むきあっていたっけね
この曲では、コーヒーの事は出てこないが、もう一曲の方は出てくる。こちらは、沼津太郎詞。昭和10年12月、ニットー・レコードにすっかり忘れさられた田中福夫と、唄川幸子とのデュエットで歌われる。

（Ⅰ）小さい静かなあの店　美味しい珈琲を飲ませた
本當に素敵な喫茶店《きっちゃてん》　あの頃は　日暮れると
二人で静かに過ごした店　思い出は過ぎた事
今日の日に、　又来て見ると　思い出は甦るよ

（Ⅱ）あの日腰掛けた長椅子も　そのままです
二人並んで腰掛けた　古い腰掛
今は何處にどうしてゐるか　何處で暮らしているか
二人並んで腰掛けた　古い腰掛け

後の方が、詩的でロマンテックに、結局別れた女性の思い出が歌われている。

私の愛聴盤は、「イン・ア・リトル・カフェ」のタイトルのシングル盤のアルマンド・フェデリコのＲＣＡ（ＳＳ・１０５２）ビクター盤で、歌なしだが、ピアノがとても美しい。

コーヒーソング⑬

YOU'RE THE CREAM IN MY COFFEE
(君はクリーム)

Ⓦ B.G. DESYLVA, JACK WHITING, RAY HENDERSON ©1928
Ⓜ RAY HENDERSON
INTRODUSED BY DNA MUNSON A ND JACK
WHITING IN "HOLD EVERYTHING" (MUSICAL)

①ファイン＆ダンディ（DOT, DLP-3298）

この曲は、１９２８年のブロードウェイ・ミュージカル『ホールド・エブリシング』（ボクシングを扱ったもの）で歌われたのだが、芝邦夫著の『ブロードウェイ・ミュージカル事典』（構想社）にも載っていない。

この年、ジグムンド・ロンバーグの『ニュー・ムーン』が大当りを取り、名曲〝恋人よ我に帰れ〟と〝朝日のようにさわやかに〟が生まれ大ヒットしているので、その蔭に隠れてしまったのかもしれない。でも一曲、今回の曲が大当たりした。

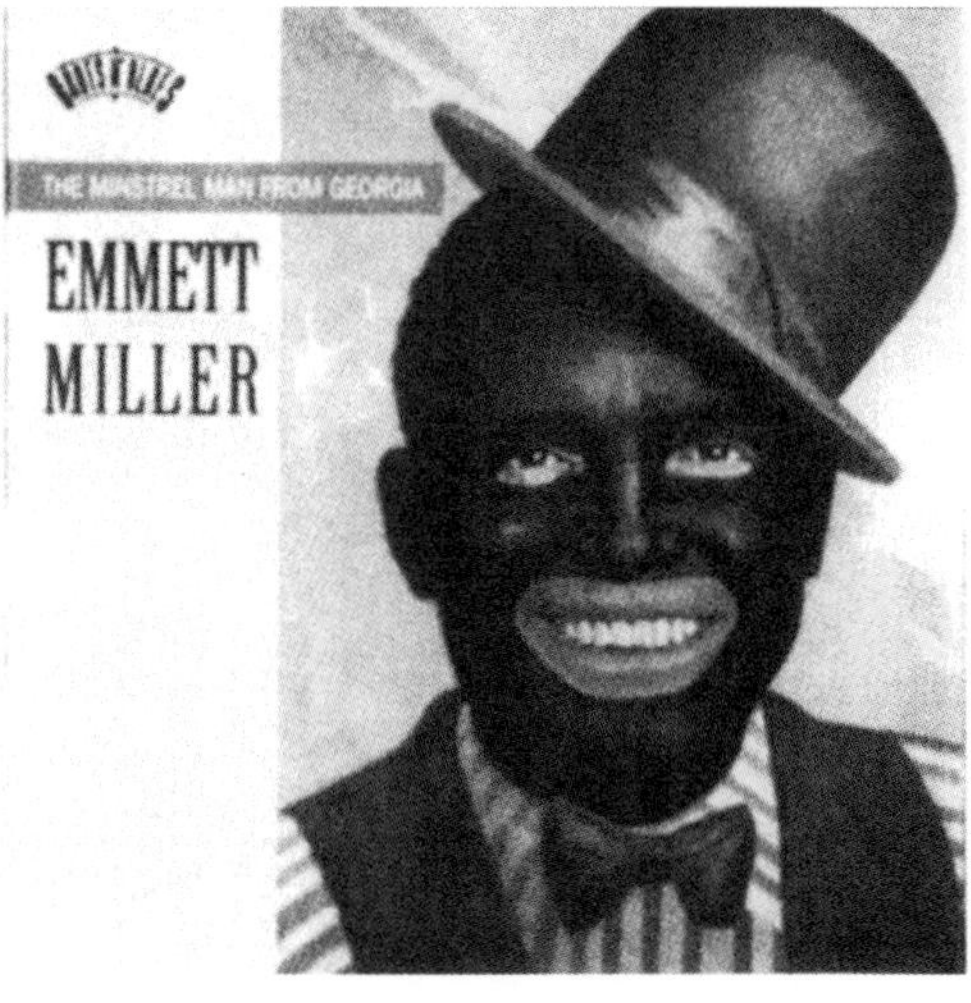

②エメット・ミラー（ROOTSN' BLUES, COLUMBIA, CK-669997389）

舞台では、オナ・マンソンとジャック・ホワイティングが紹介し、レコードは各社競作となり、29年2月に、ベン・セルヴィン楽団（唄）ジャック・パルマー（ＣＯＬ）、7月にテッド・ウィームス楽団（ＶＩＣ）（どちらもスウィート・バンド）、唄で9月にルース・エッティング（ＣＤＬ）がヒットしている（洋書・ナット・シャピロの『ポピュラー・ミュージック』1920〜29調べ)。

その後、エメット・ミラー(この人について詳しく書きたいが、紙面がない。かのハンク・ウィリアムスの大ヒットで知られる〝ラブシック・ブルース〟を最初に歌った人)が出した(1928年録音、オーケー・レーベル)とだけ書いておこう(COL)。それから、ミンディ・カースン(おそらく52年頃 CAMDEN)とデビー・レイノルズ(DOT)が歌っている。日本題名は〝君はクリーム〟と来たもんだ!

③ミンディ・カーソン
(CAMDEN, CAE-224, EP盤)

コーヒーソング⑭

BALLARD OF SAD CAFE
(悲しみのカフェのバラード)

Ⓦ&Ⓜ チャールズ・デフォレスト Ⓒ 1958
歌 クリス・コナー(アトランティック)

①悲しみのバラード(ATLANTIC-1307)

この曲は非常に地味で、あまり知られていない曲である。おそらく歌っているのは、クリス・コナーだけだろう。
①のアルバム・ジャケットは素晴らしく、よく額縁に入れ壁にかけて飾る。書架や棚にさりげなく置いておくも佳し。この曲は、このアルバム・タイトルの為に作られた曲で、①がオリジナル盤である。
私が大学生の頃、日本盤で、「クリス・コナー・シングス・ラブ・アンド・サッドネス」(女の愛と悲しみ)というタイトルで、日本ビクター(SMT―7351)から出ており、解説は岩浪洋三、B面に、「悲しみのバラード」という題でこの曲が入っている。今で言うコンピレイション盤である。昔は、オムニバス小野と言った。ベスト盤とも、寄せ集め盤とも! とにかく、この盤で、この曲を初めて知った。ジャケットも違う。

ムーディなバラードで、酒場に一人淋しく腰かけ過ぎし恋の日々を思い出し涙にくれる女心のいとおしさがにじみ出た歌で、コナーのコントラルトが、暗い表情を持ってこの曲を歌っている。

それでは大意に入ろう。

〝夜は蒼く虚しく、いつものように更けてゆく。過ぎ去りし日々を思い出しては、心寂しくさまようばかり。叫ぼうとする、泣こうとする、戯れようとする。いずれにしても同じこと、そこにあるのはただの哀情。時代遅れの店に、色褪せた会話、そしていつもの古臭いドラマ、愛だとか……、人生だとか……、今夜も悲しみのカフェにバラードが流れる。遊びも慰みなら、笑い声もなく、あるのは、高すぎるプライドと、浅はかな智恵、瞳の奥に映し出されたそれぞれのエピソード。悲しみのカフェにバラードが流れる。

誰にも気づかれず、店の片隅で交わされる会話、偶然に出会った二人が新しいロマンスを装う。明日を憂うのに一人では淋しすぎる。薄明りのグラスにもう一杯。朝がパーティの終りを告げる前に、そして又一つの物語が生まれ、悲しみのカフェにバラードが流れる〟(乗金迷訳)

クリス・コナー(クリス・ケナーという黒人男性歌手もいるので御注意)について少々。〝ケントン三羽烏〟と聞いてピンと来るのは、五十歳以上の方か? C・CとA・OとJ・Cである。

私は大学時代の五年間(四年で卒業する人もいる)に、東京都内のジャズ喫茶全部を廻り、自分に合った店を探した。例えば、新宿歌舞伎町の『ポニー』、お茶の水の『ニュー・ポート』、渋谷の『ありんこ』、神田神保町の『響』といった具合に、自分の行き場所を決めていた。そして概して、ボーカル盤をたくさん置いている店は少なかった。よく聞いたのは、E・Fの「イン・ベルリン」（ヴァーブ）と、C・Cの「シングス・ララバイズ・オブ・バードランド」（べっちゃん一通のみわかる）に、夜遠目の「カミン・ホーム・ベイビー」（ATL）だった。

クリスは、ハスキー・ボイス《元祖である》で人気が出、特に、べっちゃんの三部作が最高。他に「ジス・イズ・クリス」と「クリス」の三枚である。56年からアトランティック・レーベルに移籍し、「ジョージ・ガーシュウイン・ソング・ブック」（2枚組）等の秀作を残した。

この時代は、O・Cの「ロンリー・ウーマン」、H・Sの「セニョール・ブルース」等の黒っぽさに挑戦したが、意欲は買うが成功作とは言えない。「バードランドの子守歌」のラストの〝グッド・バイ〟が素晴らしい。ゴードン・ジェンキンス35年の作品（作詞も）で最初は、ベニー・グッドマン・カルテット（COL、B.G、R.H、T.W、G.C）の演奏で有名となり、B.G楽団のクロージングテーマとなった。55年の映画「ベニー・グッドマン物語」に使われ、さらに知られるようになった。

私が、〝FMくらしき〟で、乗金健郎の「歌・唄みんなうたの時間です」のDJをした時の、クロージング・テーマにこの曲を選んだ。このクリスの〝グッドバイ〟は、涙なしでは語れない。男性では、フランク・シナトラが有名。

最近、このクリスを聴いてほれ込んだ女性がいる。誰を思ってか？　オープニング・テーマが何だったか？　モチのロン！　（唄・ドリス・デイ）レス・ブラウン楽団の「センチメンタル・ジャーニー」だった。

コーヒーソング⑮

COFFEE IN THE MORNING (AND KISSES IN THE NIGHT)
（朝にコーヒー）

Ⓦ アル・デュビン Ⓜ ハリー・ウォーレン Ⓒ1933
歌 ボスウェル・シスターズ

①ボスウェル・シスターズ（WAVE, MFPL-84801-2）

この曲は、アメリカでの最初のコーヒー・ソングかもしれない。(ジョエル・ホワイトバーンズの著作『ポップ・メモリーズ、1890~1954』調べ・洋書・レコード・リサーチ社刊による)。

だが、開拓者時代に、他の国から持ち込まれ、今に〝トラッド〟と言われる曲の中には、あるかもしれない。

この曲は、1934年のユナイト映画『ムーラン・ルージュ』の主題歌で、主演はコンスタンス・ベネットとフランチョット・トーンの粋なコンビで、甘いクルーナー歌手で人気のあったラス・コロンボとボスウェル・シスターズが共演している。このボスウェル盤《(BW録音)》が、大ヒットとなった。ドーシー兄弟《トミーとジミー》の他、マニー・クラウン(tp)、ラリー・ビンヨン(ts)、マーサ・ボスウェル(p)、ディックマクドノー(G)、アーティー・バーンスタイン(DS)が伴奏で、特に、ボスウェル・シスターズの伴奏には、多くのジャズメンがあたった。

36年から始まるスウィング・エイジのリーダーとなる多くの人達が、まるで、十年後には我々の時代が来ると確信を持って、伴奏者として甘んじていた。

例えば1933年のビリー・ホリディの処女録音《(BR)》「マザー・イン・ロウ」には、ベニー・グッドマンの楽団が、1928年録音《(BR)》のエメット・ミラーの「ラブシックブルース」の伴奏をドーシー兄弟等が…と、そういう時代だった。

この映画は、同じ年日本で公開されたが、この曲はヒットになっていない。正しい邦題は、『朝にコーヒー夜に接吻』で、日本では〝ラッキー・レーベル〟で出た。

なお、この映画のサウンド・トラック盤が、FILMS OF RUSS・COLOMBO（ゴールデン・リジェント2001）というLPに収録されている。

ここで、ボスウェル・シスターズⒶと、ラス・コロンボⒷについて簡単に紹介しておく。何故なら

②ラス・コロンボ（RCA, LPM-2072）

ば、世紀も変わり、歴史の奥にしまい込まれそうだから。

　ボスウェル・シスターズは、ニューオリンズ生れの三姉妹で、年の順では、マーサ《(高い方とピアノ)》、コニー、ヴェットで、25年に結成、レコードは、ＯＫ・フランスウィック・デッカにある。35年がピークで、ヴェットの結婚があり、トリオは解散。コニー・ボスウェルが単独で活躍し、この年、早くも「ブルー・ムーン」を№1にしている。40年代～50年代も活躍し、１９７６年に没した。男性グループの〝ミルス・ブラザース〟と共に、ジャズ・コーラスの草分け的存在である。写真①は、日本で編集された2枚組26曲入りのアナログ盤で、ジャズメンの伴奏と、ジャージィなコーラスが聞ける。

　一方のラス・コロンボは、ビング・クロスビー、ルディ・バレーに続く〝クルーナー〟（唱法の一つで、甘くささやくように歌う人達、クルーンの語から来ている）の一人で、マスクも、ビングほど甘くはなくて、リリしさを感じさせる美男である。

　１９３１年から、ビクター・レコードを中心に１９３４年までに、11曲のヒットを出したにすぎず、大ヒットに〝プリズナー・オブ・ラブ〟と〝パラダイス〟がある。三年間が全盛期で、ビングに迫るほどの人気絶頂の１９３４年9月2日に、病死した。26年間の人生だった。

しかし彼の名は、『スタンダードの名シンガー（邦題）』（ロイ・ヘミングとディヴィドハイデュの共著）に出てくる。今まで日本では、オムニバス盤に唯一〝パラダイス〟のみ入れられた。輸入盤では、私の知る限り『LOVE　SONGS　BY』（ビクター・IPM-2072・1931～1932 NY録音）、が手元にある。

この年頃で亡くなった歌手達も多いが、私の好きなボビー・ダーリンの話をしよう。彼は難病指定者で、若い時に医者から、「貴方は25歳ぐらいしか生きられない」と言われ、ダーリンは、「それまでに有名になって見せる！」と豪語したという話が残っている。

その後、努力して歌手としてアトコ・レーベルと契約し、58年に初ヒット曲『スプリッシュ・スプラッシュ』を放ち、スター街道をまっしぐら。1959―1960年にかけてのNo.1ヒット『マック・ザ・ナイフ』（匕首マッキー）で、ジャーナリズムも絶賛し〝第2のシナトラ〟と書き、フランク・シナトラが激怒したと言う。

作詞・作曲ができ、多くのヒットを出し、61年の映画『九月になれば《ロバート・マリガン監督》』（日本公開同年）主演は、ロック・ハドソンとジーナ・ロロブリジーダで、ボビー・ダーリンも出演。同じく電撃結婚で話題をまいたサンドラ・ディーも出演。この主題歌をダーリンが書き、日本でも小ヒットした。この後、ボビー・ダーリンは、27歳の青春に幕を降ろした。

このNo.1ヒットは、ジャズ歌手エラ・フィッジェラルドの名盤として名高い『エラ・イン・ベルリン』（ファーブ）、サッチモと共にボビー・ダーリンの名も出てくる。このエラの盤で〝マック・ザ・ナイフ〟のボビー・ダーリンの名は、永遠のものとなることだろう。話はどんどんそれてゆく。クルト・ワイルは、ドイツの作曲家で〝セプテンバー・ソング〟だけで、世界的に有名な人。この〝マック・ザ・ナイフ〟は、ミュージカル「三文オペラ」（初演は28年）の中の一曲で、ジャズ・オペラと呼ばれ、大変な人気となり、この曲の創唱は、ロッテ・レーニヤで、クルト・ワイルの妻である。

　これは同じく映画化が二回されており、独で31年と63年に作られ、どちらも日本公開されている。この曲は、別名〝モリタート〟と呼ばれ、56年にプレステッジに吹き込んだソニー・ロリンズのアルバム『サキソフォン・コロッサス』に含まれている。

　ソニー・ロリンズの豪快なテナー以下、T・フラナガン（P）、ダグ・ワトキンス（B）、さらにマックス・ローチ（ds）の正確無比は驚きである。ジャズ・ファンは一聴すべし！

　私はもう何年も前から、「ロッテ・レーニヤ・シングス・クルト・ワイル」というアナログ盤を探しているが、なかなかなかなか見つからない。「セプテンバー・ソング」（コロンビア）の方は、親友の岡本充泰君がプレゼントしてくれた。

ロッテ・レーニヤは、64年製作の英映画、御存知ジェームス・ボンド・シリーズ『ロシア《危機一髪》より愛をこめて』の中に出てくる女スパイ役を演じた女性（あのクツから刃が出てくる）——あの女優がロッテ・レーニヤなのである。思うに、この『ロシアより愛をこめて』が、ボンド映画の最高と思うが。マット・モンローの歌う主題歌が大ヒット。モチのロン、映画も大ヒット。当時無名に近かったロバート・ショウも大スターとなり、後に鮫に喰われてしまうが……、この意味おわかり？　上手？　それに、ボンド・ガールが、ダニエラ・ビアンキ。グー・グー。ただ今、眠っているのは山下であります《金吾郎の兵隊より》。下手？　話というものがどう転廻するかわからない一つの例、ロッテ・レーニヤは、この映画で強烈な印象を与えた。

さて歌詞の内容に入ろう。

〝私の使命　私の願い　それは…あなたに全部してあげること　朝のコーヒーからおやすみのキッスまで欲しいものを言って欲しい　私だけに云ってほしい　冷めないうちに運んでくるわ　朝のコーヒーからおやすみのキッスまで

教会のベルが結婚のときを告げる　牧師がいなくちゃダメかしら　いいえ、形なんかにこだわらない　結婚指輪さえあればＯＫよ　それで二人は結ばれる　そして私は運んでく

る　朝のコーヒーからおやすみのキッスまで

ねえ、ダーリン　ぐっと私を抱きしめて　ねぇハニー　わかっているわね　ずっと私にお願いするのよ　朝のコーヒーからおやすみのキッスまで〞

甘い甘いラブ・ソングである。珈琲は甘さが必要なのです。甘い香りと苦味のあとに甘味がのってくる。さすがと思ったのは、東京の自家焙煎一軒のみ。

梅雨深し珈琲行脚の苦々し　健郎

コーヒーソング⑯

COFFEE HOUSE BLUES
（コーヒーハウス・ブルース）

Ⓦ&Ⓜ ライトニン・ホプキンス
歌 ライトニン・ホプキンス

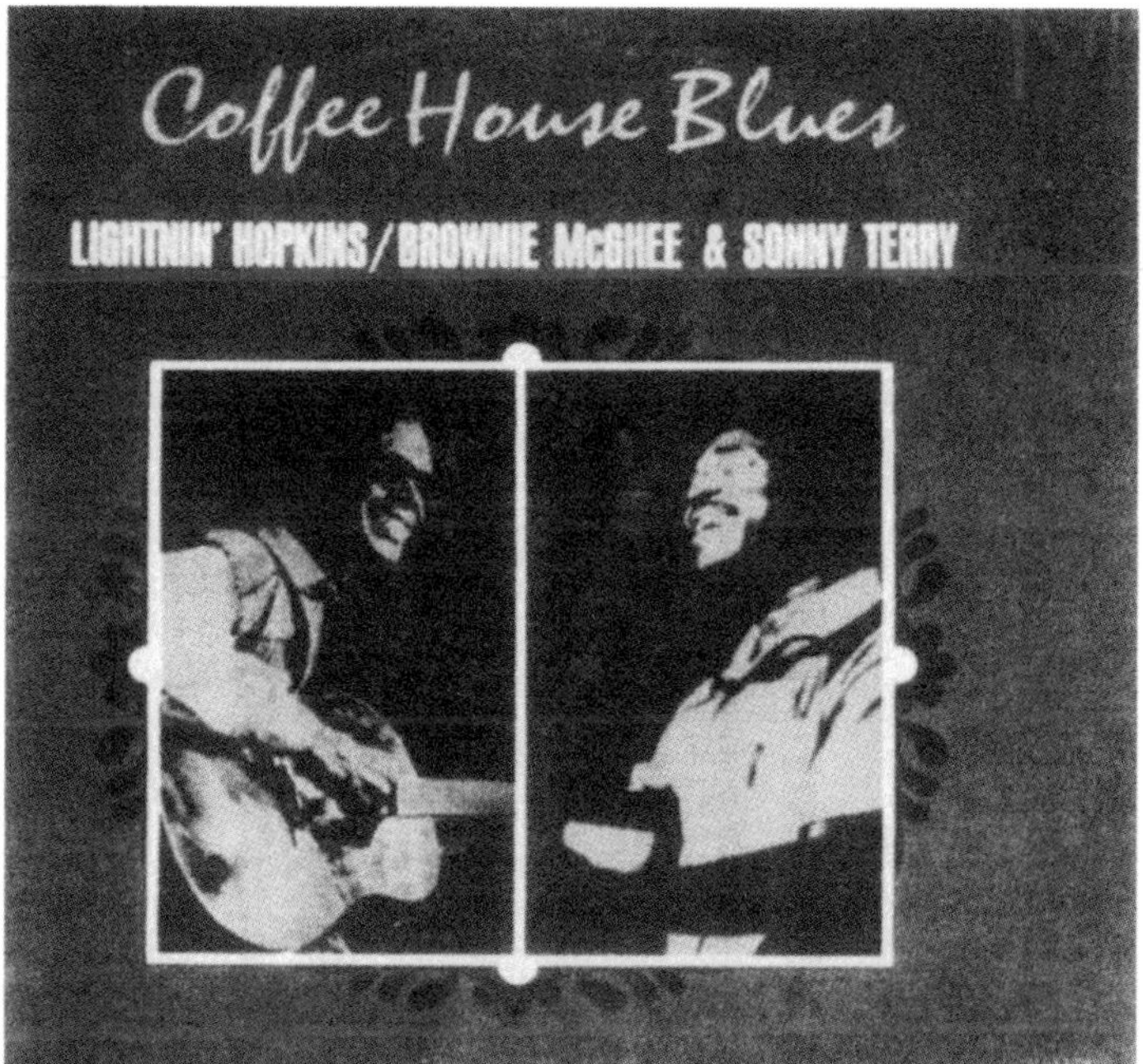

①コーヒー・ハウス・ブルース（VJLP-1138）

ブルースの曲で一番に思い出すのは、川田晴久とアキレタ・ボーイズの「浪曲セントルイス・ブルース」だ。昔SP盤でよく聞いた。この中の一節、「セントルイスかブルースか～」を今でも口づさむ。

〝ブルースの父〟は、W・C・ハンディ。〝ブルースの皇后〟は、ベシー・スミス。〝ブルースの女王〟は、アメリカでは、ダイナ・ワシントン、日本では淡谷のり子（仕掛人は、〝ハッター〟こと服部良一）である。そして1920年代、三大黒人女性《（三大スミス）》ブルース歌手として、マミー・スミス、トリキタシー・スミス、クララ・スミスがいる。

ところでブルースについては、Ⓐブルースの誕生はいつ頃か、Ⓑブルース形式によるもの、Ⓒただ単に何々ブルースと名だけ借りたもの、とに分けて考えられると思う。

Ⓐは、15世紀に入ってから、ヨーロッパ諸国が、三本マストの大航海時代を迎え、さらに、植民地争奪戦、黒人奴隷貿易等の、モノ・カルチャー文化の時代に入る。すなわち、新天地をめざし、そこを植民地化し、黒人奴隷をおろし労働力として使い、その土地の産物を自国に持ち帰ることになる。ポルトガル・スペイン・フランス・オランダ・イギリスがその主役を演じた。要するに、アフリカ（特に西アフリカ）、アメリカ、ヨーロッパの三大陸をマタに掛けた巧妙な仕掛である。

１４９２年、コロンブスがアメリカを発見してからわずか26年後の１５１８年、もうアフリカ大陸から船積みされた最初の奴隷が、カリブ海の島に陸揚げされ、奴隷貿易はそれから３７０年間、実に19世紀の終わり頃まで行なわれる（南北戦争で北軍が勝ち、リンカーン大統領が奴隷解放令を出す１８６３年）。

ここで人種の違いが大きく問題となってくる。イベリア人とアングロ・サクソン人で、イベリア人とは、ポルトガル・スペイン、アングロ・サクソンは、イギリス・フランス・オランダ等で、イベリア人は、植民地とした国の原住民（インディオ）とイベリア人それに黒人との混血がうまく行った。音楽面でもそうで、ブラジル（１５００年ポルトガル人が発見）等はその融合がうまくいった。一方、アングロ・サクソン人の北アメリカは、最初イギリスの植民地で、黒人達は精神の内面までガッシリと支配・抑圧され、アフリカの宗教・言語・音楽なども禁止、英語をしゃべり、キリスト教を信じるように強制された。

スペイン・プエルトリコ・キューバ、ブラジル等は、比較的ゆるやかで、アフリカ文化を保つことが許された。そのため、アフリカ伝来の打楽器中心の音楽が後まで生きのびた。この奴隷貿易は、人数にして4千万～5千万人に達すると思われるが、航海中に死んだ人や奴隷狩りで殺された者も含めると、さらに数は増すだろう。とにかくヨーロッパにとっては、厖大な利益になった。奴隷貿易による富の蓄積をもとにして、イギリスは産業革命を達成。オランダ《ネーデルランド》は世界一の貿易都市となり、イギリス・フランスは世界を支配する強大国家となった。またこれらの国は、コーヒーを必ず植民地（ただしコーヒー・ベルトの国国）に植えた。これが、コーヒーの伝播となったのである。

黒人詩人のエメ・セゼールは、「黒人奴隷が存在しなかったら、地球はいまあるような地球とは違っていただろう」と呼んだ。

ヨーロッパは、人類の歴史に残るドロボーよりも悪らつな行為をやったのである。もとにもどろう。1692年イギリス人は、ニューファウンドランド島あたり（今のN・Y）から入植、フランスはミシシッピ洲あたりから入り、当時の国王ルイ14世にちなんで、〝ルイジアナ〟と命名。が、1803年、このルイジアナをナポレオンが売却する。フランス人は、人種差別はさほどでもなく、フランス人と黒人の血の入った人達は〝クレオール〟と呼ばれた。

スペイン人も入植したが、1814年の米西戦争でスペインを敗退させた。原住民のインディアンとは殺りくをくり返し、十九世紀後半まで続く。

イギリス人等のアングロ・サクソン系の人人は、白人至上主義で、音楽は自国のものを持ち込んだ。例えば、ホワイト、スピリチュアルやシーシャンテとか、そういう曲が、アパラチャ山脈やサウス・カロライナ州に散らばり、後年トラディショナル・フォークとして、１９２０年～１９３０年代にわたり、発掘の対象となった。

　一方の黒人は、主として南部の綿花栽培に従事し、苛酷な労働をしいられる事となり、シャウト、フィールド・ハラー、ワークソング《(コール&レスポンス)》が誕生することとなった。仕事の後の一時のやすらぎは、遠い西アフリカの望郷の念（ブルーな気持ち）から、ブルースが生まれた。１８９０年頃にこの形が整い、ジャズ（このころ〝ジャズ〟という言葉が生まれたと文献にある。）又、この時期ゴスペル（ニグロ・スピリチュアル）も産声をあげる。この諸要素がジャズの母体となるのである。

　ブルースの本式の形ができるのは、W・C・ハンディの登場をまたなければならない。12小節、３コード、歌詞のＡＡＢ形式のブルースの基本的フォーマットは、ハンディの音楽出版社で固められていくこととなり、１９１１年に、三大名曲の一つ『セントルイス・ブルース』が発表される。又１９２０年、史上初のブルース・レコードと言われるマミー・スミスの「クレイジー・ブルース」が発表され大ヒットし、女性中心のクラシック・ブルースの全盛期を迎える。

〃ブルースの皇后〃と呼ばれたベシー・スミスの短篇映画「セントルイス・ブルース」（日本未公開で、好事家にのみテープが廻っている。私もその一人）では、ベシー・スミス自身が出て歌うので、貴重なテープである。

もう一つ『セントルイス・ブルース』（58年米作品、監督アレン・ライスナー）（邦題W・C・ハンディ物語）という伝記映画があり、これは61年に日本でも公開され、歌手のナット・キング・コールがハンディ役のほか、キャストがすべて黒人という音楽映画で、キャブ・キャロウェイ、アーサー・キッド、エラ・フィッツゼラルド等が、ハンディの作品を歌い演奏した。興味のある方はどうぞ！

さて、ライトニン・ホプキンスは、戦後ブルースの、テキサスの巨人で、46年のアラディンレーベル録音から50年代末まで、いろいろのレーベルにレコーディングし、テキサス中心に人気を得た。写真①のV・Jレーベルには、ブラウニー・マギーとソニー・テリーなども共演し、奔放なライトニン節が詰まっている。

この会社には、「ライトニン・ストライクス」という傑作中の傑作があり、そのほか、泥くさく、迫力たっぷりで、不良っぽい歌が圧倒的である。ホプキンスは、78年に初来日している。

ブルースは、歌詞が面白い。ここに「ブルースの詩」（中央マート出版、サミエル・チャーターズ）という本があるが、イミシンの歌詞が多い。フォーク・ソングで言えば、〝ボディ・ソング〟（女性の肉体やセックスについての歌。代表歌手にオスカー・ブランドという歌手がいる）である。

以下、2つの曲の内容を記すが、大いに想像たくましく、イミシンに考えてほしい。

①コーヒーハウス・ブルースの訳は、
ママはご機嫌斜め
パパだけ外でコーヒー楽しんで
ママのことはほったらかし
パパだけ知っているコーヒーの薫

「あんた、私にろくな事してくれないわよね」

ママは言った。

「ちょ、ちょっと待ってくれ。もう二度とあんなことしない」

（パパは思わずそう言ってしまった……）

「ほ、ほんとうだ聞いてくれ

いますぐコーヒー買ってくる
何なら店ごと買ってもいい
だから、許してくれ
もうゴタゴタ言わないって約束してくれたら
コーヒーハウス丸ごとおまえのものだ」
「コーヒーハウスがなによ!?」

②の「コーヒー・フォア・ママ」の訳は、よく似た内容だが、
かあちゃん、沸騰してたのに
とうちゃん、コーヒー買って来なかった
かあちゃん、沸騰してるのに
とうちゃん、コーヒー買って来やしない

かあちゃん、怒って吹き出した
「この老いぼれのろくでなし！

外に出かけちゃ金使う
頼んだコーヒーどこなのさ
あんたほんとに役立たず!!」

あしたコーヒー見つけとこう
あしたコーヒー買ってこよう
そうすりゃとうちゃん、
「役立たず!!」
って呼ばれなくってすむもんな

コーヒーというものが、危険な媚薬っぽい、男女関係のメタファーとして使われている。
例えば、『ブルースの詩』の中の別の歌に、次のようなのがある。

〝コーヒー挽きを手に入れたの
最高のやつを見つけたの
それで彼は、特別な挽き方で

私のコーヒー豆を挽いてくれるわ〃

というわけで、コーヒーそしてグラインダーは、特別な意味がある。ブルースはだから面白い。

Ⓑとしては、ブルース形式にとらわれないで、ブルースという名前だけを使った曲。

例えば、日本では、「上海ブルース」、日本のブルースの女王と呼ばれる「別れのブルース」、「港町ブルース」……。ポップス界では、「グリスビのブルース」から始まり、ブルース・ブームが1900年代後半から起こった。

映画主題曲を中心に、「危険な関係のブルース」「褐色のブルース」「黒のブルース」「サントロペ・ブルース」「真夜中のブルース」など……。

エッカー・ビルクの「白い渚のブルース」に歌詞がつき、米国のナンバーワンとなった。

ああなつかしき時代よ！

我たそがれて人生の秋に入る（作成、十二年立秋）凡作。

コーヒーソング⑰

ベッドのコーヒー
(AFE´ NA CAMA)

Ⓦ&Ⓜ ナザレー&エドリン
歌 エリゼッチ・カルドーン

①ELIZETH CARDOSO(YX-7185-GB)

今、ラテン音楽が再び注目を浴びている。

一九二〇年代のタンゴの流行、一九三〇年代初頭の「ピーナッツベンダー」（ドン・アスピアス楽団とアントニオ・マーチン（唄））に始まるルンバ・ブーム、40年代初頭のジミー・ドーシー楽団（歌手ボブ・エバリーとヘレン・オコンネル）の数々のラテン・フェイバリット（アマポーラやグリーン・アイズ等）。50年代はまた大変で、マンボ・チャチャチャ（トリオロス・パンチョス、ロストレス・ディアマンテス等のメキシコ・ブーム）、カリプソ、一九六〇年頃からの世界的なボサノバブーム、その後のレゲエ・ブーム、また一九七〇年代N.Y中心のサルサの流行、そして今、キューバの音楽がライ・クーダーをリーダーにブエナ・ビスタ・ソシアル・クラブの映画とCDが大ヒット（平成十二年八月～九月来日）、またヨー・ヨー・マが、ピアソラを取り上げ、ピアソラ・ブームになっている。

私は音楽書を高校時代から収集しているが、タンゴの本で、個人の本が出版されたのは、ピアソラだけである。あのガルテルもフランシスコ・カナロも、日本では出ていないのである。

キューバとブラジルが、ラテンの宝庫である。20世紀はというと、音楽は、アメリカ中心であった。アメリカの流行歌が各国に輸入されるのが常だったが、今はラテン諸国が、強烈に自国の音楽を主張し始めたのである。

前に書いたと思うが、ブラジルは、ポルトガル人に発見され植民地となり、原住民のインディオがいて、その後ポルトガル人の入植、そして、大航海時代に黒人奴隷が入り砂糖キビ栽培に使われる。コーヒーの苗が入るのは、１７００年代に入ってからである。北アメリカと違って差別がなく、混血がうまくいった国である。

音楽も同じで、ナポレオン時代に、ポルトガルの王室がブラジルに15年間のがれていた関係上、ワルツ・ポルカの宮廷音楽が大流行、西黒アフリカの黒人からはリズムとポリリズム、打楽器中心の音楽が入り、インディオも独自の音楽（マラカスや葦のタテ笛等のインジオ系フォルクローレ）これらがうまく融合し、今のブラジル音楽（ＭＰＭ）が育って来たのである。

30年～40年に、ブラジルから〝ブラジルのボオムシェル《ばくだん娘》〟こと、カルメン・ミランダが渡米し、特に40年代からのレコード映画出演などで爆発的人気を呼んだ。鳴り物をいっぱいつけた衣装の上に、バナナ等の果物をつけた帽子、そして大早口の歌（「ティコ・ティコ」「クワンド・ザ・グスタ」等のヒット曲あり）。まるで轡虫《くつわむし》のごとし。このミランダの秘かなファンもけっこう多い。前に紹介した「サンバ・ブラジル」という有名な曲があるように、サンバを世界に紹介する役目もはたした。

初めてブラジルの音楽形式として名が上がったのは、18世紀に〈モジャーニ〉であり、これは、モードと思っていい。そして、19世紀後半の舞踊音楽は、キューバでは、ハバネラを生み、アルゼンチンではタンゴを生み、ブラジルでは〈ショーロ〉という（形式ではなく）演奏スタイル《（泣くという意味）》を生んだ。ジャズに一番近づいた時代かもしれない。これは、19世紀末から自然に、古典ハーモニー（バッハの和声はジャズに匹敵する）から、ブラジル和声学を作ったのである。

〈サンバ〉は、20世紀始め、北東部、あるいは中南部のコーヒー地帯から首都リオにやってきた黒い混血児たちのスラム街から生まれた。彼等は、バイーナ（黒人奴隷が始めて陸上げされ、コーヒーの産地として有名。一九六〇年初頭「バイアの小径で」（唄）マヤ・カサビアンカのシングル盤が発売されたがヒットせず）を中心とする北東部のアフリカ＝ブラジル文化のすべてを持って来た。音楽も宗教《（カンドンブレ）》もアフリカ西海岸のコショウを使った料理も。

一九一七年最初のサンバの曲が生まれ、一九二〇年頃からプロのレコード歌手が生まれ、30年代から、二重唱も生まれ、アメリカから日本でも有名となった「ママン・エラ・ケーロ」が出る。

一九四〇年代に入ると、先に書いたカルメン・ミランダと、サンバは、リオのカーニバルの公式音楽となり、エスコーラ・ジ・サンバ（サンバ学校）という団体のコンテストは、日本でもテレビで放映されるようになり、有名となった。

歌ものは、カンソンと呼ばれ、失恋のうらみ、つらみを述べる。アルゼンチン・タンゴの影響を受けた、センチメンタルな曲も生まれた。

そういう中、一九五九年製作のマルセル・カミュ監督の「黒いオルフェ」の世界的な大ヒットで、リオのカーニバルを舞台に、サンバ中心の音楽が世界的に知られるようになった。そしてこの映画の中に、次なる時代を予告するごとく、〈ボサ・ノバ〉の二曲が挿入されていたのである。新しいこぶし、新しい波と呼ぶこの革新的な運動は、一九五二年～五三年頃から、本国で推進されていた。中心人物は、詩人ヴィニシウス・ジ・モライス、アントニオ・カルロス・ジョビン、ジョアン・ジルベルト、ルイス・ボンファ等。

一九六三年のクロード・ルルーシェ監督の映画『男と女』（あのダバダバダ…の主題歌で有名）の中で、ピエール・バルー（仏の歌手だが、ボサ・ノバに取りつかれる）が歌う「サラバ」という曲の中に、前記のボサ・ノバ創立にかかわった人たちの名が、歌い込まれている。
エリテッジ・カルドーゾは、ミランダが轡虫なら、カルドーゾは鈴虫と形容されるような、ブラジル・ポピュラー音楽の最高峰で、「歌の貴婦人」と呼ばれた。一九五二年ブラジルでの初ヒット〝バラカウン〟では、クラシカルなブラジル歌曲の〝想いあふれて〟の歌手に選ばれ、これは最初のボサ・ノバ曲となった（一九五八年）。一方では、一九六五年から裏山サンバの曲を積極的に取りあげ、サンバ復興に尽力。又映画「黒いオルフェ」のサウンド・トラックを歌うのにも起用された。
裏山サンバと「黒いオルフェ」の真実がわかるのは、エリゼッチが一九七七年に初来日をした時にわかり、彼女は大変なショックを起こすのである……？（参考文献『事典ラテン・アメリカの音楽』）
ボサ・ノバの名が、アメリカのヒット・パレードに登場するのは、一九六二年バンド・リーダー兼ピアニストのジョー・ハーネル楽団の「フライ・ミー・トゥ・ザ・ムーン・ボサノバ」（ＣＡＰ）であり、これは、〝言い変えれば〟という曲を改題し、ボサノバ形式で演奏し、火つけ役となった。その後ジャズメンが多数リオに飛んだ。スタン・ゲッツ、ハービー・マン、チャリー・バード、ポール・ウィンター等。

そして一九六三年スタン・ゲッツのヴァーブ盤「ジャズ・サンバ」「ジャズ・サンバ・アンコール」の大ヒット、ブラジルのミュージシャンも続々渡米したが、ブームは短期間に終わった。

そのころ、イギリスの四人の若者が、イギリス・リバプール中心に、アメリカ制覇をねらいつつあったのだ。

エリゼッチは、上流階級好みの歌手で、私は女性ではエリゼッチ、男性ではジョアン・ジルベルトが好きである。

そろそろ歌に入ろう。

アルゼンチン・タンゴの曲に「最後のコーヒー」という曲がある。演奏はエステート・タンゴ楽団。日本では、藤沢嵐子が早川新平とオルケスタ・ティピカとやっている。歌詞の内容やメロディに少し似た所があるので、下敷にあるかもしれない。ブラジル音楽には、タンゴからの影響が入っているので。内容はこうである。

朝、目ざめた時、ベッド・カバーとシーツの間にみつけたメモを私は読んだ――『よく眠った？　気分はどう？　あなたを起こしたくなかった　残念だけど　もう帰って来たくない　もし何か忘れ物があったら思い出さないように外へ捨ててしまって……

そしてあなたはばらばらな文句のなかで　ひっきりなしに不平をならべ　私のことを責めている　君は別な女になってしまった　習慣があらゆる喜びを引きさらってしまったと……　――ベッドまで彼にコーヒーを運ぶこと、彼の足にスリッパをはかせること……　そして彼に新聞を渡してやること……　たしかに単純なことだけれど　それが愛を形づくる……　一緒のくらしをやめないで　私は忘れていただけなのだから

だからこそ私は今日、辛抱してとお願いに来た　あなたに誓う、約束するわ、かんじんな事は　あなたが世間の男なみに幸せになること……　――私は彼の妻であることをやめて　ベッドまでコーヒーを運び、足にスリッパをはかせてやり、新聞を彼に渡してやるの……

原語につき濱田滋郎氏の訳をのせた。一九七六年の録音。

タンゴ曲の「最後のコーヒー」は、一九六三年に発表された新しいタンゴだが、曲想も似ている。一節だけ紹介すると、

あの時、きみのくちびるが、ため息まじりの声で、ひややかに求めた最後のコーヒーの……　私は思い出す、きみのつれなさを……　わけもないのに君を思い浮かべ、いるはずもないきみの声を聞く。「私達のことは、終わったのね」――甘さとにがさがま

じり合った、別れの中できみは言った。
共に別れの歌だが、聴けば、余計に淋しくなる。

コーヒーソング⑱

JAVA JIVE
（ジャヴァ・ジャイブ）

Ⓦ&Ⓜ ミルトン・ドレイク&ベン・オークランド ©1940
歌 マンハッタン・トランスファー

①JAVA JAIVを収録したThe Manhattan Transfer

この曲（ジャヴァ・ジャイブ）は、一九四〇年に、語り入りの黒人コーラス・グループ「インク・スポッツ」が出した当り曲である。〝ジャヴァ〟コーヒーの事は後にして、まずは〝ジャイブ〟の事から書きだそう。

JIVEという英単語を辞書で引いてみると、「スウィング音楽に合わせて踊る」という意味だが、一般には、おふざけ音楽として知られ、単にコミカルな音楽というだけでなく、どこかに〝クールな〟、あるいは〝粋な〟というニュアンスを含み、音楽的には、ジャズの流れの中にあるものと言っていいだろう。すなわち、音楽的には、ジャズの分派から派生しながら、そこから少しはみだし、より大衆的な笑いを要素に取り入れたもの。音楽的な楽しみに加え、その歌や演奏に、より娯楽的な感覚を取り入れたものが、ジャイブ・ミュージックなのである。

古くには、一九二〇年代から始まり、流行したのは一九三〇年代から五〇年代にかけてで、多くのミュージシャンを輩出した。

例えば、キャブ・キャロウェイ。この人は、日本では通好みの人物で、〝ミスター・ハイデボ・マン〟と呼ばれ、一九三〇年代に自ら楽団を率い、強烈なスキャットやジャイブ・トーク・トークと言われる、黒人独得の言い回し、言葉遊びを駆使して歌いまくった。映画「ブルース・ブラザース」(八〇年)「コットン・クラブ」(八三年)で、大当り曲「ミニー・ザ・ムーチャー」を歌い踊り(後者はソックリさんであるが)、日本に新たなファンを作りだした。

それに、スリム・ゲイラード(シンガー・ギタリスト&ピアニスト)がいる。後に、ベーシストのスラム・スチュワートと組んで〝スリム・アンド・スラム〟として活躍。ナット・キング・コールも、初期の傑作に、「ヒット・ザット・ジャイブ・ジャック」がある。

三〇年代後半には、楽器を口真似でやってしまうミルス・ブラザースや、スウィンギーなコーラスのインク・スポッツが出、他にジャイブ・ギタリストのテディ・バンを擁したスピリッツ・オブ・リズム、四〇年代に入ってからは、ルイ・ジョーダン——この人は、「チュー・チュー・チュ・ブギ」や「カルドニア」等をブギ・ビートにのせ爆発的な人気を得た。

ジャイブは、音楽のジャンルでなく、音楽的なアティチュードの問題であろう。なお、キャブ・キャロウェイは、一九四一年ジャンピング・ジャイブという曲を物にしている。とにかく黒人音楽は、いろいろとややこしいのだ。カントリー・ブルース、ゴスペル・ソング、ブギ・ウギ、R&B、ジャズ・ブルース、ジャグ・バンド、ブラック・エンターテイナー、それにジャンプ・ミュージック等、これらを詳しくDIGしたい人は、アナログ盤「ブラック・ミュージックの伝統」上・下巻4枚組（MCA）、CDなら「ブラック・ミュージックの伝統〜ジャズ・ジャイブ・ジャンプ篇」（UM—MCA—MVCM—600）をおすすめする。

ところで、前回に、ライトニン・ホプキンスの「コーヒー・ハウス・ブルース」と「コーヒーフォー・ママ」の訳を取り上げたが、黒人音楽の歌詞はスラング（俗語）が多い。スラング辞典片手に持って聴くべし。今回取り上げた〝マントラ〟のこの曲も、元は黒人グループのヒット曲である。

それでは、この曲、どういう意味なのか、意味深に考えてほしい。

（♂♀）
コーヒーもおいしいし　紅茶もおいしい
ジャバジャイブ踊れば　私もおいしい
コーヒー、紅茶にジャバジャイブと私
カップとカップがカップとカップでもう一杯

熱くて甘いジャバが好き

ポッポと湯気を上げるあなたのポット
いれてよコーヒー、一杯いただくわ
カップとカップがカップとカップでもう一杯

(♂)
その素敵なマグカップでもらおうか
踊るならポットの底に沈みこむとき
オニオンスライスみたいにピリピリしてないで
さあ一杯いれておくれ
ウエイター、ウエイター、パーコレーター

ボストンビーンズ、ソイビーンズ
とっても可愛いグリーンビーンズ
青いキャベツみたいにね
でもやっぱり僕にはチリビーンズさ

ホットじゃなきゃ夢中になれない

（♀）もっと聞かせて

（♂）
熱くて甘いジャバが好き
ポッポと湯気を上げる君のポット
コーヒー入れてよ、一杯欲しいな
カップとカップが同じボトルからもう一杯

（♀）
その素敵なマグカップでいただくわ
そして沈みこむまで踊りつづけるの
私のポットにコインを落として、ジョー
焦らないでね

ウエイター、ウエイター、パーコレーター

（♂♀）
コーヒーもおいしいし　紅茶もおいしい
ジャバジャイブ踊れば　私もおいしい
コーヒー、紅茶にジャバジャイブと私
カップとカップがカップとカップでもう一杯
　以上である。少しは笑えましたか？
　ジャヴァ・ジャイブのジャバとはコーヒーの事である。ロブスター種で、アフリカベルギー領コンゴーで発見され、各地に拡がった。一七世紀初頭、オランダがジャワ島にジャカルタ市を建設し、大きな発展をした。

コーヒーソング⑲

MUGMATES
（コーヒー・デイト）

Ⓦ&Ⓜ レオナルド・ホイットキップス Ⓒ1961
歌 エディ・ホッジス

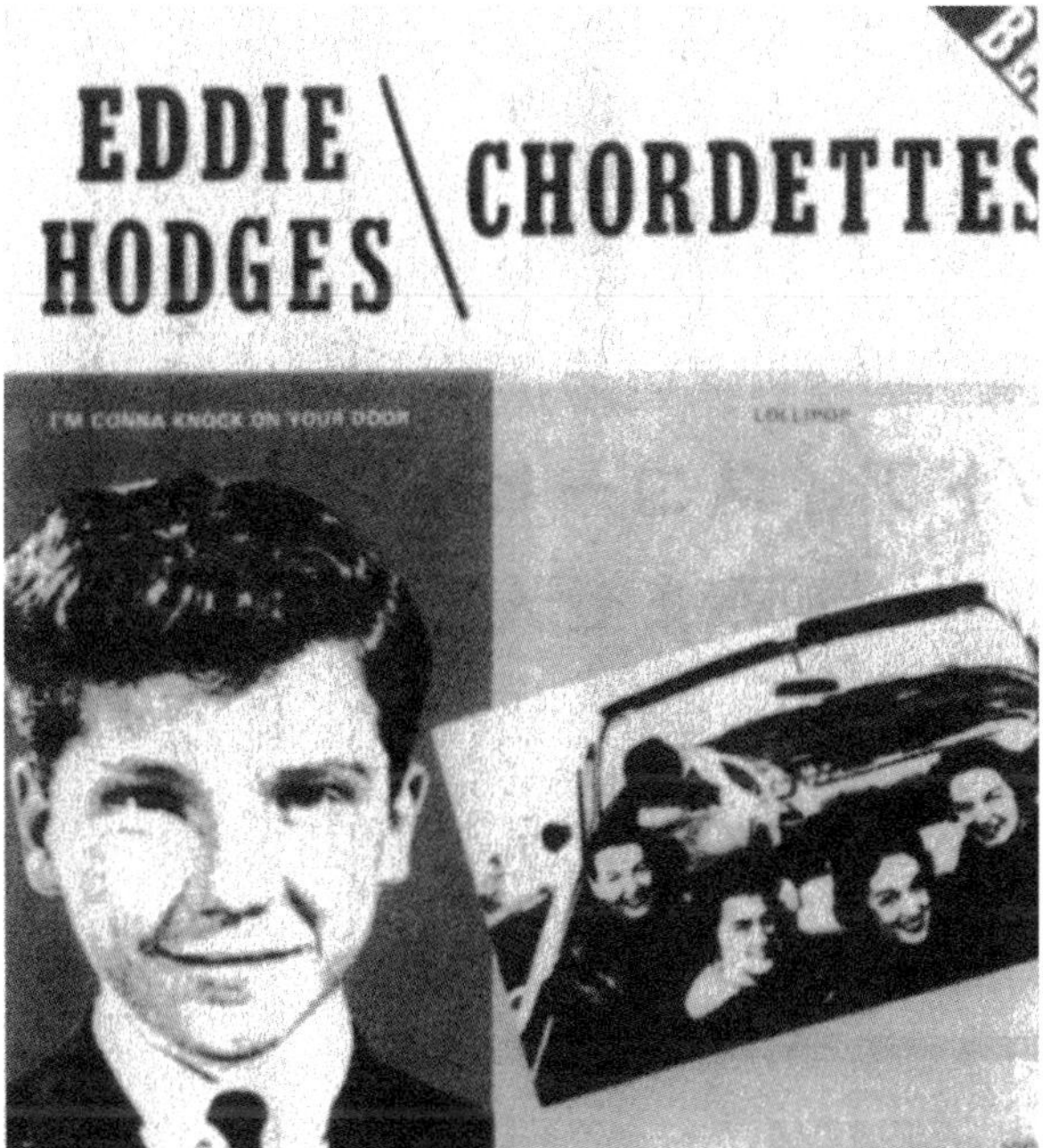

①エディ・ホッジスのMUGMATES（VIP-4004）

ついに出ました、ミー・ハー歌手（当時）であり、映画の子役だったエディ・ホッジスの登場である。

以前にアンケートで、知っているコーヒー・ソングをあげてもらったところ、一番多かったのが〝コーヒー・ルンバ《ポリドール》〟（西田佐知子盤が日本で大ヒットしたからだろうが…。そしてこの曲は二〇〇一年の春、井上陽水の歌でリバイバルした）。次にペギー・リーのレコードタイトルになっている〝ブラック・コーヒー〟、そして〝コーヒー・デイト《ケイデンス》〟。これがベスト3だった。

一九六〇年代初頭は、頭がごっちゃになり、わしゃようわからんわと思いながら書いているが、多くの新人が出て、又消えていった。ようするに、〝一発屋〟が多かった頃である。一九五八年から一九六〇年まで、ロックンロールのキング＝プレスリーは兵役のため西ドイツに行き留守。その間に、ポピュラー界は、ロック・バラードの時代に入った。例えば、テディ・ランダットゥ、フェビアン、ジェイムス・ダーレン、フランキー・アバロン、トミー・サンズ、エドワード・クーキー……名を上げれば切りがないのでやめるが、エディ・ホッジスもその中の一人。

彼の日本でのシングル・ヒットは、「ノックは無用よ」と、この「コーヒー・デイト」のみで（共に一九六一年のヒットで、コーヒー・デイトは飯田久彦がカバーした。）①の30㎝盤の半分しか曲がなく、しばらくして消えていった。映画の方では、一九五九年の作品「波も心も暖かい」一本だけ私の記憶に残っているが、フランク・シナトラ、エリノア・パーカー主演に、ホッジス坊やも息子役で助演。この映画の主題歌「ハイホープス」（サミー・カーンとジミー・ヴァン・ヒューゼン）の中間部をエディが歌い、アメリカでも日本でも大ヒット曲となったので、聴いた方も多いことだろう。この曲は一九五九年度アカデミー主題歌賞を得た。

それから何作か出たがあたらず、消えていった。〝子役から大人役への脱皮はむつかしい〟とよく言われる言葉だが、エディも御多分にもれずというところか…？　他にミッキー・ルーニーしかり、〝ジェーン〟の名子役ブランドン・デ・ウェルデしかり。成功例は、ジュディ・ガーランドぐらいか。

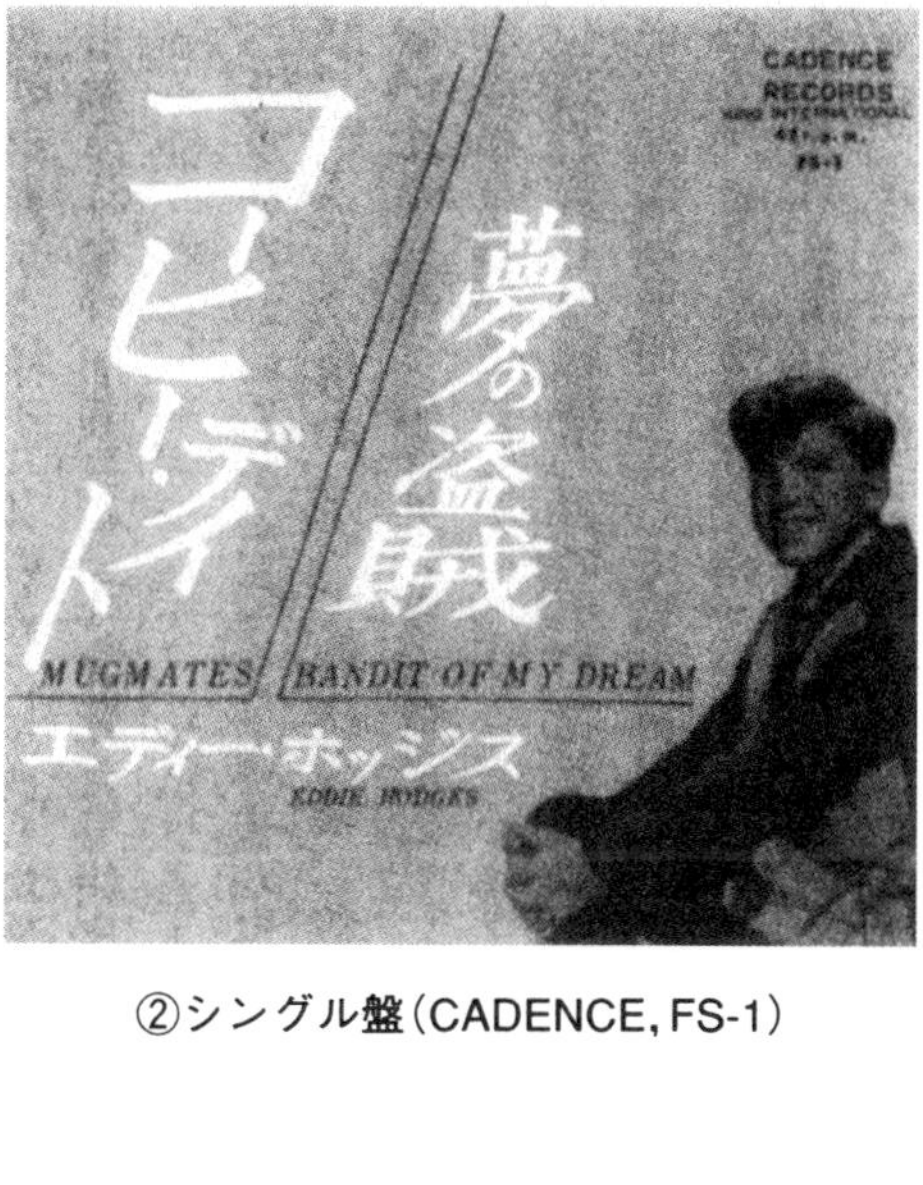

②シングル盤（CADENCE, FS-1）

「コーヒー・デイト」の原題は、「MUGMATES《マグメイツ》」で、当時の流行語で〝ゴーイング・ステディ（仲良くしようぜ）〟の意味。歌詞を訳すが、たわいもない歌である。

僕は大好き　コーヒー、イェイ、イェイ
君も大好き　コーヒー、ウォウ、ウォウ
コーヒー好きな　僕たちふたり
それはきっとマグメイト
君とふたりでマグメイト
僕と君とはマグメイト
二人の相性はばっちりさ

今のティーンの流行りはね
ネームを入れたマグカップ
コーヒーショップあの娘と行けば
あそこの二人もマグメイト

僕たち二人もマグメイト

古いオークに彫ったイニシャル
カップに描くのが今の流行りさ
二人そろいのカップを持てば
僕たち二人もマグメイト

マグに二つのハートを描いて
仲良く壁に掛けておこう
二人のハートは一つに揺れて
僕たち二人はマグメイト

…僕たち二人は恋人同士

当時のポップス界（この頃、ポピュラー音楽を称してポップス〈ＰＯＰＳ〉という語が生まれた）を考えてみれば、10年単位で変化が現れる。が一九六〇年から一九六五年ビートルズのアメリカ制覇まで、めまぐるしく変わる。

静かなるフォーク・ムーブメント、うるさかったエレキ・サウンド、イギリス・ポップス陣が日本からアメリカへ、ダンス・リズムの氾濫、サーフィン、ホットロッド、ジャズ界は、アメリカではファンキーの全盛時代、イギリスはトラッド・ジャズ、スキッフル・ブームと、とにかくいろいろなポップスが入り乱れた時代だった。私にとって良き青春時代だった。

コーヒーソング⑳

CIGARETTS & COFFEE BLUES
(煙草とコーヒーのブルース)

Ⓦ&Ⓜ マーティ・ロビンス ©1958
歌 レフティ・フリチェル

①レフティ・フリチェル(CBS-SONY　SOPC-57122)

ついに、最終回となりました。70曲ほど手持ちのコーヒー・ソングを集めているが、あまり知らない曲ばかりではと思い、20回が適当とした。

最近では、仏の歌手クレモンティーヌの「クーラー・カフェ」やボブ・ドロウの「トゥ・マッチ・コーヒー・マン」が、新しく登場した。生産地にいけば、労働歌（ワーク・ソング）等があると思う。けれども最後は、カントリー&ウエスタンの名曲「シガレット&コーヒー・ブルース」で締めることにする。私の好きな取り合わせで

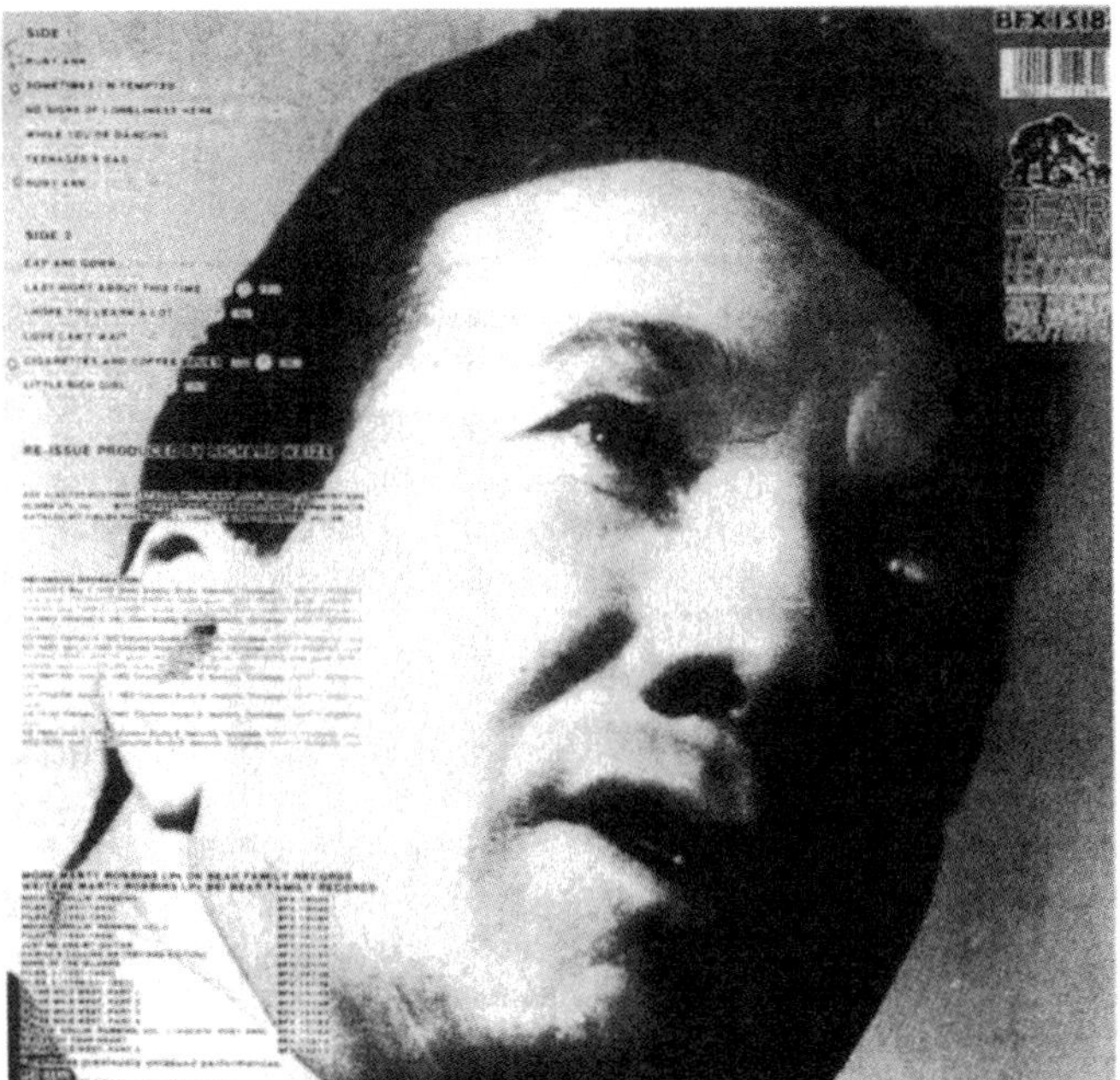

②マーティ・ロビンス（BEAR FAMILY BFX-15184）

ある。

これは、マーティ・ロビンス一九五八年の作品で、同じコロンビアのカントリー歌手レフティ・フリチェル（写真①）に捧げ歌われ、同年にヒットした。マーティ自身も、一九六三年コロンビアに録音した（写真②）。

マーティ・ロビンスは、最初、純カントリーから出発したが、エルヴィスのサン・レコード第一号「ザッツ・オール・ライト・ママ」を、同じ年の一九五四年に三ヶ月遅れて吹き込み、続く「メイビリン」「ロング・トール・サリー」、また日本でも大ヒットした「ホワイト・スポーツ・コート」「ブルースを歌おう」、映画の主題歌「縄り首の木」（エルマー・デヴィス監督作品、ゲイリー・クーパーとマリア・シェルの初共演）、そして「エル・パソ」で知られている。

アルバムでは、ガン・ファイター物も良かったし、ハワイアン集の「カルアの恋唄」やスタンダード集の「9月の雨」等すばらしく、泣けてくる——さすが泣き節の大家らしい。

私は高校時代、マーティのシングル盤「レッド・リバー・ヴァレー」で、発音の練習をしたものだ。

一方、レフティ・フリチェルは、やはり「イフ・ユー・ガット・マネー（お金があればね)」が大ヒットし、ポピュラー女性歌手ジョー・スタッフォードがカバーし、ヒットさせた(一九五六)。レフティの「オールウェイズ・レイト」なんか聴くと、泣かせるぜ! とにかく、カントリーの50年代は、黄金時代である。

ところで、この曲は、レフティとしては異質な曲のマーダー・ソング(殺人の歌)で、カントリーやフォークには、こういう歌が多い。例えば一九五八年に№1ヒットとなったキントリの「トム・ドゥーリー」や、イアンとシルビアの歌「柳の園にて(ダウン・ザ・ウィロウ・ガーデン)」等、多くある。この曲も人気が出てジョニー・キャッシュや、カントリー・ジェントルマン等に歌いつがれている。

さて「シガレット&コーヒー・ブルース」の歌詞はというと、次のようになる。

眠れない夜は、夜風を浴びに出かけよう
ベッドにいても涙がこぼれるだけだから
たどり着くのは二人が好きだったコーヒーショップ
煙草の灯にコーヒーが薫れば胸は痛む
あんなに愛し合った二人なのに

どこでおかしくなったのだろう
バスに飛び乗り何処かへ行ってしまえたら
でもおまえを振り切ることなんて出来ないのさ
煙草とコーヒーに燻るブルース

テーブルに彫ったおまえの名前
今も傷痕のように残っている
どこでおかしくなったのだろう
誰が悪いわけでもない
ジュークボックスからは
二人が好きだったあのメロディー
今はただ悲しく響くだけ
コーヒーをもう一杯、煙草をもう一本
一晩中けむりと薫りに耽っている
あんなに愛し合った二人なのに

あとがき

本書の計画を思い立ってから、こうして一冊にまとめるまで、実に長い長い道だった。私が「コーヒーソング」のレコードを集め始めてから、現在までに洋楽ものだけでも、70曲ほどになっている。

これに、日本の歌謡曲やニュー・ミュージック系も入れると、かなりの曲になるだろう。古い曲については、コーヒー研究家の伊藤博氏が、私より先行して調べ、『コーヒー讃歌』（柴田書店刊・絶版）に掲載しているので、それを参照してほしい。

ともあれ、かなりの枚数の中から、20曲にしぼり、そのレコードの生い立ち、歌手や楽団、歌の内容について詳細に記したものである。

一九六〇年代、東京ですごした学生時代、毎日のように、都内中のジャズ喫茶に入りびたり、レコード店巡りをし、それ以来、手に入れたレコードとジャズ関係の本などから学んだ思い出や知識も散りばめて記したので、コーヒーソングやジャズに興味のある方には、多少なりとも参考になるのではないかと思う。

本文は、当初、雑誌「珈琲と文化」（いなほ書房刊）の34号から53号に、20回、5年間に渡り掲載したもので、今回、単行本にまとめたものである。

その間、いなほ書房の星田宏司氏には、いろいろお世話になった。感謝あるのみ。

乗金健郎

乗金健郎氏と岡山のジャズ喫茶「シャイン」の思い出

昭和四六年、高校二年の二学期から進学のため部活がなくなり、友人に連れて行って貰ったのが当時オープンしたというジャズ喫茶「シャイン」。カウンターの中には口髭とあご髭を伸ばして、度のきつそうな眼鏡をかけて、タバコを燻らしながら座っている厳つい主人がいた。

薄暗くて、みんな黙ってジャズを聴いている。「スピーク・ロウ」がお店の決まりで、音に埋もれる事の出来る店だった。私はその空間が気に入ったのか、なにかにつけ一人で足繁く通うようになった。いつしか大学生になった頃は、店の主人こと乗金健郎氏の下でアルバイトとして働いていた。

最初は外回りの仕事で、カウンターの端に座っていて、客が入ってくると水を持って注文を執りに行く。たまにジャズに聴き入って、客が入ってきても気が付かない時、カウンターの中から乗金マスターに棒で小突かれる。一年ほどして外の仕事にも慣れた頃、カウンターの中の仕事もするようにと、店が退けた後珈琲の淹れる方を教わることとなった。その日は非番で友人と居酒屋に寄って、一一時頃、赤ら顔で店にゆくと乗金マスターからえらく怒られた。結局、後日珈琲の淹れ方を教わった。

ネルの布袋で一〇人分淹れる。お湯を注ぐと豆がふっくらと盛り上がり、なんとも良い匂いが立ちこめる。この入れ方で味が決まる。二度出しして、大きめのポットに入れておく。そして一杯ずつもう一度温めて客に出す。少し酸味の効いた上品な珈琲だった。アルバイトは私以外にも数人いて、ジャズの演奏をする人や絵を描く人、探検部の人やらで個性豊かな仲間だった。

乗金さんは、土曜日の夜はオールナイトの映画に行く。たまに一緒に連れて行って貰った。シャインの二階は事務所という乗金さんの遊び部屋。ジャズ以外のレコードや本が所狭しと置いてある。そこでマスターとアルバイト仲間で麻雀したり、ゴロゴロと四方山話に花を咲かせたものだ。レンタカーを借りて、みんなで海水浴に繰り出した事もあった。乗金マスターは何かとみんなを可愛がってくれていた。

昭和五一年、岡山市民会館で「ジャズ・オブ・ジャパン」と銘打ってシャイン主催でジャズの一大イベントを開催した。渡辺貞夫、本田竹広、マル・ウォルドロンと豪華な顔ぶれだった。岡山で初めての複数の出演者によるジャズ・イベントでもあった。シャインのスタッフは総出で手伝った。そんな事もあって沢山の入場者で賑わって大成功裏に終わった。アフターは焼き肉屋で打ち上げと相成った。それまでも年に一〜二回シャインでジャズ・ミュージシャンによるライブは開催していたが、今回のように儲かった例しは無かったそうだった。

今では岡山のような地方都市でもライブハウスが出きて、ライブハウス以外でも毎月至る所で様々なジャズ・イベントが開催されるようになったが、当時はジャズの生演奏を聴けるような場所は、ジャズ喫茶ぐらいしかなかった。それも岡山、倉敷、近県と併せても月に一度あるかないかの頻度だった。そうして鑑みるに、乗金さんは岡山という地方都市でのジャズ文化のパイオニアでもあったのだ。良いのか悪いのか、今ではジャズはスーパーのＢＧＭでも流れる時代になった。

この市民会館のイベントの頃から、乗金さんは倉敷に頻繁に行くようになった。そして倉敷美観地区のフレンチ珈琲の美味しい「珈琲館」の気品のあるエキゾチックな女性主人、畠山瑞穂さんと結婚された。

そういえば、乗金さんは二階でよくコーヒー豆をフライパンで煎っていた。「どうだ、旨いだろう。」とばかりに、煎りたての豆を手渡しされ、そのままボリボリと乗金さんと食べていた。それから程なく、シャインは殆どアルバイトに任せて、乗金さんは岡山と倉敷を行ったり来たりの二重生活となった。

私は、乗金さんがジャズのレコードを購入していた大阪の輸入盤専門店ＬＰコーナーの岡山支店の支店長として勤め始めた。そして年に何度か、ＬＰコーナー岡山支店の提供でジャズの新譜紹介をシャインで行った。また山本剛〜伊藤君子、レイ・ブライアント、エルヴィン・ジョーンズのライブをしたり、シャインはそれからもジャズを発信する店として一九八六年まで存続した。その後、乗金さんはシャインを処分して、倉敷の人となった。

私はたまに家族を連れて、倉敷の珈琲館へ乗金さんに会いにいっていた。珈琲館は音楽は流してはいなかったものの、ペギー・リーの「ブラック・コーヒー」の10インチ盤（この本の表紙のレコード）やジョニ・ジェームスのレコードが額に入れて店内にさりげなく飾ってあった。

そう言えばシャインは正式には「JAZZ & VOCAL SHINE」という屋号だった。乗金さんは実はポピュラー・ヴォーカルが好きだったのだ。「シャイン」というのもフランキー・レインのヒット曲から命名したように聞いていた。この本編にも書いてあるようにボブ・

ディランも好きで、一九九七年のボブ・ディランの倉敷公演も乗金さんと御一緒した。当時、音楽を中心にした「ブルー・レコード」というフリー・ペーパーが岡山界隈に出回っていて、乗金さんはそのフリー・ペーパーに「二十世紀のこの歌手・このレコード・そしてこの曲…」という音楽のエッセイを執筆されていた。本誌の「コーヒーソングの名盤案内」に勝とも劣らない、音楽的内容の含蓄をもったエッセイだった。それと、俳句や短歌も嗜められていた。朝日新聞の地方紙面に読者から募った俳句や短歌を載せる「朝日歌壇」というコーナーがあって、そこに乗金さんの作品がよく入選していた。入選するといつも、ＬＰコーナーにその紙面がファックスされてきたものだ。また、奥さんと一緒に松尾芭蕉の「奥の細道」の足跡を辿って旅行にも出かけられてもいたようだ。

そうこうしていると、いつの間にか「芥子の花」「朱夏」と、自費出版の句集を上梓された。そして、この『コーヒーソング20』（初版の名前）も出版されたのだ。

さらに乗金さんは美空ひばりが大好きで、一度倉敷のご自宅で美空ひばりさんの命日に「ひばりを偲ぶ会」を開いた。奥さんや義理の弟さん、親しい友人らと数人で夜おそくまで酔狂な宴となった。乗金さんはお酒は呑まないものの、歌舞いた衣装でマイク片手に楽しそうに過ごされた。

珈琲館を辞めた後は、ご自宅で音楽や映画を楽しまれていた。私もたまにご自宅にお邪魔してコーヒーを頂いた。ヘビー・スモーカーだった乗金さんも、当時はもう喫煙は止められていた。しかし私が伺った時だけは一緒にショート・ホープをふかしていた。

二〇〇九年九月「平井くん、明日美空ひばりの映画がBSであるのよ。」と、電話がかかってきた。そしてその数日後の九月二〇日、乗金さんは自宅で還らぬ人となった。遺骨は岡山の実兄が引き取り、私はたまにシャインのあったお兄さんのビルのお宅へ仏壇に手を合わせに伺う。私も今は乗金マスターのような髭をたずさえて、乗金さんの弟分のような風体になっている。まさに私の音楽人生の兄のような存在だった。

二〇二〇年九月一六日

平井康嗣

本書の刊行に当り、下記各社の
ご協賛をいただきました。

著者略歴

乗金 健郎（のりかね・たけお）
岡山市出身。明治大学在学中（1960年代初頭）、都内のジャズ喫茶を全制覇する傍ら、音楽レコード（特にジャズの名盤）と音楽書を収集。
卒業後、岡山市にジャズ喫茶「シャイン」を開店。その後、倉敷の「珈琲館」主人・畠山芳子氏と結婚し、同館の主任を勤めた。
2009年9月逝去。

コーヒーソングの名盤案内

2020年11月10日　第1刷
著　者　　乗 金 健 郎
発行者　　星 田 宏 司
発行所　　株式会社　い な ほ 書 房
〒169-0075 東京都新宿区高田馬場1-16-11
電　話　03（3209）7692
発売所　　株式会社　星　雲　社
（共同出版社・流通責任出版社）
〒112-0005 東京都文京区水道1-3-30
電　話　03（3868）3275

乱丁・落丁本はお取り替えします
ISBN978-4-434-28294-2

いなほ書房のコーヒー関連書籍

カフェ・ド・ランブル　**珈琲辛口談義（新版）**　関口　一郎　著

日本における自家焙煎コーヒー店の草分け、珈琲だけの店「カフェ・ド・ランブル」主人の関口一郎氏が、コーヒー業者、コーヒー愛飲家に問う辛口談義三〇講。（在庫僅少）

B6判上製・本体3000円＋税

珈琲、味をみがく　星田　宏司／伊藤　博／鎌田　幸雄／柄沢　和雄　著

世界と日本のコーヒー史のほか、どうしたらおいしいコーヒーをたてることができるかを、生豆・焙煎・ブレンド・抽出について専門家が説明する入門書。

A5判並製・本体1200円＋税

吉祥寺・咖啡店「もか」　**苦味礼讃**　標　交紀　著

東京吉祥寺にあった名店・咖啡の店「もか」主人・標交紀氏が書き、語った「VIVAコーヒー人生」。（在庫僅少）

B6判上製・本体3000円＋税

日本最初の喫茶店　星田　宏司　著

明治21年4月に開店した、日本最初の喫茶店「可否茶館」と、その創設者・鄭永慶の生涯について調べ、誤り伝えられている諸点を論究。

B6判上製・本体1500円＋税

ブラジル珈琲の歴史　堀部　洋生　著

ブラジルにコーヒーが伝播して以来の歴史、その発展過程、今世紀の現状の三部に分け、詳細に調べ上げて書かれた大冊の文献復刻版。

B5判上製・本体12000円＋税